SOPHIE HOPPENSTEDT

Sehnsucht nach Liebe

Eine ehemalige
Prostituierte erzählt

EDITION MISSI

Be+Be

www.bebeverlag.at

Inhaltsverzeichnis

Prolog

Ich liege in der Badewanne und irgendetwas in mir schreit. Eine innere Stimme schreit mich an, dass sie endlich raus will. Raus aus diesem Körper, aus diesem Leben. Ich habe eine Beruhigungstablette genommen und ein Bier getrunken, um die Stimme zu beruhigen, die dazwischen schreit: „Was, wenn es danach noch schlimmer wird? Was, wenn es die Hölle wirklich gibt und du sie nicht hinter dir, sondern vor dir hast?" Nein, die Hölle existiert bereits hier auf Erden. Um mich herum. Und ich will raus hier. Also nehme ich eine Rasierklinge zur Hand und drücke sie an meine Haut, bis sie spannt. Ich spiele mit der Spannung unter meiner Haut, setze dort an, wo das Blau der Venen durchschimmert. Plötzlich beginne ich zu weinen. Dejan kommt ins Bad. Macht mir klar, dass er zu viel Alkohol und Drogen intus hat, um mir einen Krankenwagen zu rufen und ich deshalb aufpassen soll, was ich tue. Was für ein schlechter Mensch. In einer Welt, in der das hier der einzige Mensch ist, der behauptet, mich zu lieben, will ich nicht weiter existieren. Warte Mal ... Da gab es doch diesen Heiligen ... Hat mir da nicht jemand einmal erzählt, dass da ein Mann war, der Franz von Assisi hieß, der heiliggesprochen wurde, „weil er sich umbrachte", um bei Jesus zu sein? Was soll's, ich weiß es nicht mehr. „Aber Gott? Ich will zwar nicht heiliggesprochen werden, aber ich will zu Dir!" Fest entschlossen drücke ich mir die Rasierklinge nun tief ins Fleisch. Die Haut platzt auf, klafft auseinander. Ich beginne in dicken roten Tropfen zu bluten, bis sich aus den Tropfen ein Strom bildet, der an meinem Unterarm herabrinnt.

Das Blut breitet sich im Wasser in der Wanne aus.

Ich schneide weiter, von oben nach unten durch. In der Mitte schneide ich tiefer, sodass eine mehr als ein Zentimeter breite Wunde aufklafft und das Blut nur so herausschießt. Um sicherzugehen bearbeite ich auch noch schnell den anderen Arm, aber mir ist so schwindlig und alles vor mir wird schwarz.

* * *

Zwei oder drei Stunden später bin ich plötzlich wieder wach. Was ist los? Es ist kalt, ich friere. Das Wasser um mich herum ist abgekühlt, es ist dunkel geworden, und das Badewasser ist blutrot. Als ich den Arm hebe, klafft da eine riesige Wunde, aus der kein Blut mehr kommt. Der Arm schimmert blau. Plötzlich höre ich eine Stimme:

„Es ist noch nicht an der Zeit zu sterben – Ich habe noch einen Plan für dich."

Ich muss verrückt geworden sein. Aber ich bin viel zu müde und lege mich schlafen.

Diese Szene ist Teil einer langen Geschichte, die ich in diesem Buch erzählen möchte. Sie ist der Wendepunkt in einem Leben voller Höhen und Tiefen. Es ist eine Geschichte der Hoffnungslosigkeit und Resignation, die an eben diesem Wendepunkt eine neue Richtung einschlug, um zu einer Geschichte der Liebe und der Ermutigung zu werden. Nach dem Vorwort werde ich sie von Anfang an erzählen.

* * *

Vorwort

Bevor ich beginne, möchte ich Heinz Purrer sehr herzlich für die Gelegenheit danken, mein Zeugnis von meinen Begegnungen mit Jesus Christus, meinem Erretter, veröffentlichen zu dürfen. Ich danke dem Herrn für diese unschuldige, reine und bedingungslose Liebe, die er Heinz ins Herz gelegt hat. Für die Kraft, die er Heinz gibt, sich für die Belange der Schwachen und Benachteiligten einzusetzen. Außerdem bedanke ich mich bei der Heiligen Bakhita, die uns miteinander verbunden hat. Jesus Christus, die Heilige Bakhita und als ausführendes Organ Heinz Purrer haben mich auch mit Karina verbunden, die Teil der *Sing & Pray* Gruppe und Sängerin des Bakhita-Musicals ist, der ich auch eine Danksagung widmen möchte. Ihr beide berührt immer wieder mein Herz und meinen Geist. Bei euch spüre ich die Heiligkeit und die Liebe Gottes und die Hadassah, die Reinheit. Auch wenn ihr das selbst nicht so sehen mögt, seid ihr von einer Heiligkeit erfüllt, von einer Liebe umhüllt, die Gott so anziehend macht, dass man Ihm näherkommen möchte, wenn man euch erlebt. Euer Leben und Denken sind mir ein Vorbild für das meinige und ich hoffe, wir bleiben für immer miteinander verbunden. Ich danke Gott für euer Herz und segne euch in Jesu Namen. Amen.

Jesus und die Sünderin

„Derhalben sage ich dir: Ihr sind viele Sünden vergeben, denn sie hat viel geliebt; welchem aber wenig vergeben wird, der liebt wenig" (Lukas 7,47, Lutherbibel 1912). Dies antwortet Jesus auf das Bedenken eines Pharisäers, weil eine stadtbekannte Prostituierte ihm gerade mit kostbarem Duftöl die Füße gesalbt, sie geküsst und mit ihrem Haar getrocknet hatte, nachdem er ihm das Gleichnis der zwei Schuldner erzählt hat, von denen der eine seinem Gläubiger 500, der andere seinem Gläubiger 50 Denare schuldete.

Die stadtbekannte Prostituierte ist für mich eine der größten Identifikationsfiguren der Bibel, weil wir ein Schicksal teilen. Beide waren wir verachtete, stigmatisierte Frauen, die keiner verstand. Wenn es keiner sehen konnte, hat man uns besucht und uns Geschenke und schmeichelnde Worte zukommen lassen. Aber für die Öffentlichkeit waren wir unrein, Sünderinnen, Ausgestoßene. Doch Jesu Liebe hat uns gerettet, unsere Herzen zu neuem Leben erweckt, und wir konnten, wie auch die Ehebrecherin im 4. Kapitel des Johannes-Evangeliums, vom lebendigen Wasser, der bedingungslosen, befreienden Liebe Jesu Christi trinken. Wir waren Sünderinnen. Aber Gott hat uns vergeben. Wenn ich „Sünderin" sage, dann meine ich nicht, dass man etwas „Böses" getan haben muss. Ich meine nicht, dass man zwangsläufig anderen Menschen geschadet haben muss. Denn eine Prostituierte ist keine schmutzige, zwielichtige und unehrliche Person, so wie das in der Gesellschaft verbreitete Bild es vermittelt. Eine Prostituierte ist eine Sünderin, weil sie entfernt von der Liebe Gottes lebt. Sünde beschreibt nichts anderes als das Abgeschiedensein von Gott. Weil sie nicht geliebt wurde, liebt sie auch sich selbst nicht. Weil ihre Bedürfnisse nicht gedeckt wurden, ist der Schrei in ihr nach Achtung, Anerkennung, materiellem Wohlstand und Liebe so laut, dass sie ihren Körper, der ihr so wertlos erscheint, an jeden hingibt, der ihr als Erfüllungsgehilfe für die Befriedigung dieser Grundbedürfnisse erscheint. Weil sie die Liebe Gottes selbst nicht erfahren hat, weiß sie nicht, dass ihr Körper ein Tempel ist, und sie richtet ihn zugrunde. Und weil man Körper, Seele und Geist nicht trennen kann, muss sie eine künstliche Mauer errichten, sich vor sich selbst verschließen, sich taub machen für jedes Gefühl und jedes Leben in sich verneinen. Denn dieses Leben in ihr schreit ihr Leid heraus. Dieses Leben schreit ihr entgegen, dass sie diese Liebe, die sie braucht, so nicht finden wird. Das Leben in ihr sagt ihr, dass jeden Tag ein Stück ihrer Seele stirbt, und dass es diesem Tod entgegentreten will. Es wimmert, dass es doch irgendwo etwas geben muss, das Hoffnung macht, Hoffnung auf ein Leben in Fülle, auf Gerechtigkeit, auf Wertschätzung und Respekt. Aber weil diese Stimme in ihr in einer so großen Diskrepanz zu ihrer Lebensrealität steht, die von Leid und Feindseligkeit durchsetzt ist, muss sie diese Stimme zum Schweigen bringen und einfach weitermachen. Die Komplimente und das Geld trösten sie nur kurzfristig. Viele Frauen trösten sich auch mit dem Konsum von Drogen. Weil dieser Trost aber nur kurzweilig ist und eine Illusion, muss sie ihm immer wieder nachjagen und strickt sich damit ein Korsett von Ketten, die sie immer mehr erdrücken, ihre Sicht trüben und sie immer weiter von Gott entfernen. Resigniert nimmt sie ihre Rolle an und findet sich damit ab, dass sie Pech gehabt hat und das Leben nun einfach so ist, wie es ist. Sie wird hart gegen die Gesellschaft, die passiv ihr Leid verharmlost, sie verurteilt und sie gegen die Männer, die sie benutzen, ausspielt. Doch gleichzeitig sehnt sie sich nach einem Ausweg. Nach jemandem, der es ehrlich mit ihr meint, der ihr die Liebe gibt, nach der sie sich sehnt. Bei dem sie sie selbst sein kann, ohne etwas darstellen zu müssen, was sich jemand anderer von ihr erwartet.

Die Prostituierte im 7. Kapitel des Lukas-Evangeliums hat diesen „Jemand" gefunden. Es ist Jesus Christus, die personifizierte Liebe. Er hat sie zuerst geliebt und ihr Herz berührt. Endlich durfte sie erfahren, wie es ist, wenn jemand sie nicht benutzen will, sondern sie um ihrer selbst willen liebt. Für Jesus war sie nicht unrein. Für Ihn ist sie eine geliebte Tochter, der er Heilung und Trost spenden will. Das hat sie gespürt, und es rührte sie zu Tränen. Jesus hat sie vor der Verurteilung der Massen beschützt, er hat sie verteidigt gegen die verurteilenden Blicke der Pharisäer. Er ließ sie noch näher an sich heran als die Männer, die sich an die Gesetze hielten und sie studierten. So gesehen war Jesus ein Sozialrevolutionär. Er brach ein Tabu.

Damit Frauen wie sie und ich Heilung erfahren und von ihren inneren und äußeren Ketten befreit würden, kam Jesus auf die Erde. Er ließ sich für uns kreuzigen und starb einen schmerzhaften Tod. Wie viel größer muss denn ein Liebesbeweis sein, als dass ein Unschuldiger sich opfert für die Schuldigen? Gar nicht größer! Und zum Glück durfte auch ich das an meinem eigenen Leib erfahren. Denn es ist nicht selbstverständlich, dass ich noch lebe.

Viel zu oft frage ich mich, womit ich das verdient habe. Womit habe ich verdient, dass Jesus mich gerettet hat? Warum darf es sein, dass ich hier und heute so ein gutes Leben führe, während all die prostituierten und dem Menschenhandel ausgesetzten Frauen noch immer in ihrem Leid verharren müssen und keinen Ausweg wissen? Ich bin schuldiger als viele von ihnen. In der Vergangenheit habe ich grausame Dinge getan. Dennoch hat Jesus mich gerettet und mir eine neue Chance gegeben. Deshalb habe ich ihm mein Leben gegeben und ihn gebeten, dass er es dazu benutzt, möglichst viele meiner Schwestern zu retten. Vielleicht erreicht diese Geschichte nur eine einzige von ihnen, dann hat es sich schon gelohnt. Vielleicht erreicht sie auch irgendeinen Menschen, in dessen Macht es steht, auch nur eine einzige von ihnen zu retten.

Nun bete ich, dass Gott diesen Samen vermehrt. Er soll Frucht bringen 10fach, 100fach oder 1000fach, und dafür sorgen, dass vielleicht eine, vielleicht aber auch mehrere Frauen es schaffen werden, wie ein Phönix aus der Asche aufzuerstehen und ein besseres Leben zu führen. Ein Leben, das erfüllt sein wird von Heilung und bedingungsloser Liebe. Amen.

Eine von sexueller Gewalt geprägte Kindheit

Weil die Themen, über die ich schreiben werde, sehr schambelastet sind, stelle ich mich hier unter meinem Pseudonym Sophie Hoppenstedt vor. Ich bin 25 Jahre alt und aus einer Affäre zwischen einem amerikanischen Soldaten, der in Deutschland stationiert war, und meiner traumatisierten und an paranoider Schizophrenie erkrankten Mutter, hervorgegangen. Mein Vater war schon vor meiner Geburt weg, und so wuchs ich bei einer sehr instabilen, emotional sehr ambivalenten Frau auf, die mir weder Halt noch Schutz bieten konnte. Meine frühe Kindheit war von Angst, Verzweiflung, Armut und Gewalt geprägt. Freunde meiner Mutter, die auf mich aufpassten, missbrauchten mich sexuell. Meine selbst so verletzte Mutter zerbrach daran, weil sie mich nicht schützen konnte. Doch wie hätte sie auch? Alle Frauen meiner Familie waren sexuelle Gewalt gewohnt. Alle waren in Heimen, wurden von ihren Müttern abgelehnt und halsten sich missbräuchliche Beziehungen auf. Wir hatten diesen Frauenhass stark verinnerlicht. Er gehörte so sehr zu der Matrix, in die ich und die anderen Frauen meiner Familie hineingeboren wurden, dass man uns Frauen, die wir akut Opfer von Gewalt waren, für unsere Erfahrungen selbst verantwortlich machte. Solidarität galt nur den Tätern, von deren Versorgung wir so sehr abhängig waren, dass wir alles taten, um diese Zuneigung nicht zu verlieren. Außerdem war es einfacher, die Gewalt passiv zu erdulden, als zuzugeben, dass dieses Unrecht etwas ist, das man selbst nur allzu gut kennt, womit man sich aber nicht beschäftigen möchte. So lieferten sowohl meine Oma, als auch meine Mutter ihre Töchter an Männer aus, die sie missbrauchten.

Mit vier Jahren gab meine Mutter mich in der Einsicht, dass sie mich nicht weiter beschützen könne, an das Jugendamt ab. Das Jugendamt rief meine späteren Pflegeeltern an, um sie zu fragen, ob sie noch ein weiteres Pflegekind aufnehmen könnten. Diese Pflegeeltern waren gläubige Protestanten, die täglich in der Bibel lasen. An jenem Tag fiel ihnen als Tageslosung ein Bibelvers zu, der besagte, dass man den Waisen Recht verschaffen solle. Also gaben sie ihr Ja, und ich zog am 18. Mai 1999 bei ihnen ein. Ich würde sagen, das war der Moment, als Gott in mein Leben trat. Er holte mich aus den prekären Umständen meiner Familie heraus, um mir eine Chance auf ein neues Leben zu geben. Was gar nicht so leicht war, weil schon sehr Vieles in mir kaputt war. Psychologischen Studien zufolge weiß man heute, dass die Persönlichkeitsentwicklung eines Menschen nach dem 4. Lebensjahr schon zu 80 Prozent abgeschlossen ist. Die Erlebnisse meiner Kindheit hatten bereits tiefe Spuren in mir hinterlassen.

Die ersten Monate wachte ich fast täglich weinend und schreiend auf. Noch zehn Jahre später hatte ich Schlafstörungen. Und ziemlich lange Zeit war ich depressiv und durch jeden Mann in meiner Umgebung verunsichert. Rührenderweise tat meine Pflegefamilie ihr Menschenmögliches, um mir dabei zur Seite zu stehen und mir mein Vertrauen in die Menschen zurückzugeben. Sie zeigten mir, dass sie mich lieb hatten und erzählten mir auch von Gottes Liebe. Das war auch der Grund, warum sie überhaupt Pflegekinder aufnahmen. Objektiv betrachtet waren sie gute Menschen, die mir vieles mitgeben konnten. Zum

Beispiel lernte ich von ihnen eine gute Anpassungsfähigkeit an unterschiedliche gesellschaftliche Milieus. Ich erhielt auch eine gute Schulbildung und durch ihre ermutigenden Worte auch ein gewisses Vertrauen in meine intellektuellen Fähigkeiten. Ob dies gerechtfertigt ist, wird sich noch zeigen. Auf jeden Fall war dieses Vertrauen eine wichtige Ressource, auf die ich mich später berufen konnte. Bis ich in die Pubertät kam, lebte ich ein verhältnismäßig harmonisches Leben in einer Traumwelt, die ich mir durch Videospiele und Romane erschuf, weil ich in der Realität wenig hatte, das mich irgendwie emotional berührte.

Auf der Suche nach Anerkennung

Mich mit der kleinbürgerlichen, behüteten Welt meiner Pflegeeltern zu identifizieren, fiel mir schon immer schwer, und ich konnte ihre Interessen meist nicht teilen. Ganz generell fühlte ich mich immer etwas unbeteiligt. Als ich in die Pubertät kam, orientierte ich mich stark an meiner neu hinzugekommenen Pflegeschwester. Sie war zwei Jahre älter als ich und zeigte mir, wie man Bestätigung vom anderen Geschlecht bekam. Schon seit meiner Kindheit war mir klar, dass mit meiner Sexualität etwas nicht stimmen konnte. So drängten sich mir zum Beispiel regelmäßig Zwangsgedanken auf, dass sich mir Männer gegen meinen Willen nähern würden, und ich konnte nicht zuordnen, woher das kam. An die Erfahrungen des Missbrauchs, die ziemlich sicher der Auslöser hierfür waren, erinnerte ich mich nicht mehr. Als ich dann begann, Bestätigung durch sexuelle Aufmerksamkeit zu erlangen, wurde schnell klar, dass mir mein Körper völlig gleichgültig war. Weder kannte ich Scham noch das Gefühl einer Würde, die ich beschützen sollte. Was auch immer die Männer von mir erwarteten, ich war bereit, es zu erfüllen. Hauptsache sie gaben mir das Gefühl, etwas Besonderes zu sein. Diese Einstellung stand natürlich im Widerspruch zum konservativen Weltbild, das mir meine Pflegeeltern zu vermitteln versuchten. Mit zwölf Jahren flog ich von der Schule. Ich war mit meinen Pflegeeltern damals bereits so verkracht, auch wenn ich gelernt hatte, mich nach außen hin an meine Umgebung und an die Erwartungen, die an mich gestellt wurden, anzupassen, um nicht meinen Status als Pflegekind zu verlieren.

Während ich fortan äußerlich angepasst lebte, traf ich mich seit einiger Zeit mit Männern aus dem Internet. Zuhause wurde ich von meinem zwei Jahre älteren Pflegebruder unsittlich berührt. Manchmal gab er mir dafür sogar Geld. Mit 13 Jahren verlor ich meine Jungfräulichkeit an den Teamkapitän meines Boxvereins. Ich hatte mir von ihm echte Liebe erhofft, aber er wollte sich nur im Verein mit mir brüsten. Dafür war ich ihm gut genug. Der sexuelle Akt dauerte Stunden lang und war in keiner Weise angenehm. Für meine Pflegeeltern war mein Verhalten ein Schlag ins Gesicht, und ich erntete Ablehnung, die mich nur weiter in die Arme irgendwelcher Männer aus dem Internet trieb. Auf meiner Suche nach Liebe und Anerkennung erlebte ich immer wieder Übergriffe, die mir nach und nach ein Bild von Sexualität vermittelten, das von Gewalt und Zwang geprägt war. Der Höhepunkt war eine Vergewaltigung im Alter von 14 Jahren, bei der mir danach sogar Blut die Beine herabrann. Weil ich einen Minirock trug und man mir immer eingebläut hatte, dass ich eine Vergewaltigung selbst provozieren würde, wenn ich so etwas trüge, traute ich mich nicht, meinen Pflegeeltern davon zu erzählen. Dass meine Pflegemutter meine Blessuren nicht bemerkte, verletzte mich zusätzlich und verschlimmerte die sowieso schon kritische Situation noch einmal mehr. Von diesem Tag an weinte ich mich häufig in den Schlaf. Ich fühlte mich, als würde sich in meiner Seele, der nicht erlaubt wurde geheilt zu werden, ein Abszess bilden, dessen Eiter unter einer harten Schale verkapselt wurde. Durch seinen letzten verbliebenen Anschluss an den restlichen Organismus drang fortan infektiöses, tödliches Gift, das sich schleichend seinen Weg in die Organe bahnte und Tod und Zerstörung herbeirief. Außerdem fühlte ich mich schuldig. Schuldig meinen Pflegeeltern gegenüber, nicht die Tochter zu sein, die sie sich erhofft hatten. Schuldig mir selbst gegenüber, nicht in der Lage zu sein, auf mich und meinen Körper besser aufzupassen. Außerdem verachtete ich mich selbst dafür, dass ich mich Männern, die ich weder attraktiv noch interessant fand, einfach so hingab. Ich erlag meiner Sucht nach Anerkennung.

Auf diesem Altar opferte ich meine psychische und körperliche Unversehrtheit, als bedeuteten sie nichts. Mein ganzes Leben bedeutete mir nichts. Das wurde mir mit jeder Gefahr, in die ich mich hineinmanövrierte, klarer und klarer. Als ein paar Wochen seit dem Vorfall der Vergewaltigung vergangen waren, nahm ich das Angebot eines Mannes auf einer Chatplattform für Jugendliche an, für Geld mit ihm zu schlafen. So desillusioniert wie ich war, dachte ich, wenn Sex sowieso immer gegen meinen Willen stattfinden würde und ich mich nie gegen ihn wehren könne, wäre es ein Gewinn, wenigstens dafür bezahlt zu werden. Komplimente reichten mir nicht mehr, weil sie sich dadurch als Lügen entlarvten, dass man mich danach sowieso nur wie Dreck behandelte. Aber wenn ich meinen Wert nun in Geld messen konnte, wollte ich in Zukunft so viel Geld scheffeln, wie mir nur möglich war.

Hinzu kamen eine Essstörung und der Beginn einer Drogensucht. Nächtelang las ich Bücher über drogensüchtige Jugendliche, die ihre Sehnsüchte durch Partys und Rausch zu stillen versuchten und konnte mich in dem darin vermittelten Lebensgefühl gut wiederfinden. In der Schule war ich der Klassenclown, während ich mich Zuhause in meinem Zimmer verbarrikadierte und

Gedichte über Suizid, Depression und Sucht schrieb. Rausch gab mir Freiheit, Freiheit von meinen Gedanken, Freiheit von dem Wissen, dass mein Leben mehr und mehr aus dem Ruder lief und ich mit meinen Problemen mutterseelenallein war. Freiheit vom Schmerz, Freiheit von falschen Hoffnungen, Freiheit von Ängsten, Freiheit von Bedürftigkeit. Denn diese Bedürftigkeit war immer eine Eigenschaft, die ich an mir verachtete. Nicht einmal mir selbst gegenüber konnte ich sie mir eingestehen.

Sie *durfte* auch einfach nicht bestehen. Zwar waren meine Pflegeeltern Menschen, die es wirklich gut mit mir meinten, jedoch war ich nicht in der Lage, ihnen ihre Liebe zu glauben. Auch heute ist mir nicht ganz klar, ob sie mich wirklich geliebt haben. Später verstand ich, dass ich in mir damals eine massive kognitive Dissonanz spürte. Meine Pflegeeltern versuchten mir in einer fordernden Art und Weise immer wieder weiszumachen, dass sie mich über alles liebten. Aber ich konnte diese Liebe, abgesehen von manchen Ausnahmen, einfach nicht spüren. Sie hielten mir ständig ihre eigene Aufopferung vor und wie undankbar ich doch sei. Wenn ich etwas Unerwünschtes tat, wurde ich manchmal tagelang ignoriert und meine Entschuldigungsversuche wurden als unglaubwürdig abgetan. Gleichzeitig verhielt sich meine Pflegemutter wie ein sterbender Schwan, indem sie mit theatralischer und leidender Mimik im Wohnzimmer lag und mir damit vor Augen hielt, was ich angerichtet hatte. Für mich sah es so aus, als ginge es hierbei nicht wirklich um mich oder um die Liebe zu mir. Ich begriff dieses Verhalten nicht als Sorge um mich und mein Wohl, sondern als Sorge um den guten Ruf der Pflegefamilie oder als eine narzisstische Kränkung, weil ich anders handelte und dies nicht der Werteordnung der Pflegefamilie entsprach. Natürlich gab es auch gute Zeiten.

Wir hatten oft lange Gespräche und unternahmen gemeinsam schöne Aktivitäten. Manchmal gingen wir gemeinsam shoppen, oder meine Pflegeeltern luden mich zum Frühstück in eine Bäckerei ein. Jedoch wurde mir noch öfter, als dass ich mich mit Freude daran erinnern könnte, vorgehalten, was sie doch alles für mich getan hätten. Ich war überhaupt nicht fähig, wirklich dankbar zu sein, weil mein Dank so stark eingefordert wurde und jeder Dissens mit dem Vorwurf des Undanks niedergemäht wurde. Wenn die leiblichen Enkelkinder zum Beispiel da waren, überschütteten ihre Großeltern sie vor meinen Augen mit Liebe. Sie wollten mir damit sagen, wie schön es mit ihnen ist, weil von ihnen so viel Liebe zurückkommt, aber von den „scheiß Pflegekindern“ eben nicht. Im Rückblick machte mich das mehr fertig, als ich mir eingestehen wollte. Als Resultat plünderte ich schon länger den Medizinschrank meiner Pflegeeltern, um mit allen möglichen Tabletten zu experimentieren. Weil mich ihre Ablehnung und ihr Aufmerksamkeitsentzug so verletzten, schrieb ich ihnen als Hilfeschrei einen Brief, in dem ich diese Tatsache, dass ich Tabletten genommen hatte, beichtete. Natürlich bekam ich nicht die erhoffte Reaktion auf mein Verhalten. Der Brief wurde als Versuch, mehr Aufmerksamkeit zu bekommen, abgetan. Ich wurde mit Verachtung gestraft und die Sache fiel unter den Tisch. Es war, als würde ständig von einer Liebe und Empathie gesprochen, die jeder, bis auf mich, spüren konnte. Wie gesagt, weiß ich auch heute nicht, ob es an mir oder an ihnen lag. Letztlich fühlte ich mich wie ein Fremdkörper. Denn das, was mich wirklich belastete, konnte ich mit ihnen nicht teilen, weil ich wusste, dass sie mich verurteilen und in ein Heim stecken würden. In schwierigen Zeiten kam diese Option nämlich ständig zur Sprache. Auch Prophezeiungen, dass ich in Drogen und Prostitution oder psychisch krank wie meine Mutter enden würde, wurden immer wieder ausgesprochen, wenn sie mein Verhalten nicht verstanden, schon lange bevor diese Dinge wirkliche Tatsachen werden sollten.

Mit 15 kamen dann auch bereits Drogen wie Amphetamine und Kokain dazu, die mir ein vermeintliches Selbstbewusstsein gaben und mich vom Schlaf befreiten, den ich wegen meiner Angstzustände und Albträume immer lästig fand. Wegen meiner Essstörung schickten mich meine Pflegeeltern schließlich zu einer christlichen Seelsorgerin. Das Gespräch mit ihr löste in mir ein Flashbackerlebnis des sexuellen Missbrauchs in meiner frühen Kindheit aus. Dadurch wurde meine Sehnsucht nach diesen abhängig machenden Substanzen nur noch mehr befeuert. Weil meine Pflegeeltern mir sagten, dass dieser Missbrauch eine Einbildung meiner Mutter gewesen sei, hatte ich mich nie weiter damit befasst. Plötzlich wurde ich von meinen Gefühlen und einer extremen Verwirrung überwältigt. Nach dem Termin rief ich meine Pflegemutter an und bat sie, mich auf halbem Wege abzuholen. Im Auto erzählte ich ihr alles und war total aufgelöst, aber irgendwie drang ich damit nicht durch. Sie reagierte einfach nicht. Wieder fühlte ich mich, als ließe man mich am ausgestreckten Arm verhungern und musste mich deshalb ein weiteres Stück von der Familie, deren Zuneigung ich ihnen einfach nicht mehr abkaufte, entfremden. Daraufhin konsumierte ich fast täglich so viel Drogen, wie ich nur konnte.

Gott greift zum ersten Mal in mein Leben ein

Doch dann griff Gott das erste Mal für mich wahrnehmbar in mein Leben ein.

Meine Pflegeeltern, die ein wenig besorgt waren, weil ich kein Interesse am christlichen Glauben zeigte, überredeten mich dazu, ein Zeltlager von Dr. Johannes Hartl, einem katholischen Theologen zu besuchen. Er organisierte damals noch jeden Sommer im Namen der JCE (Jugend der Charismatischen Erneuerung der katholischen Kirche) Zeltlager für Jugendliche in der Nähe von Nördlingen. Um ihre Erwartungen zu erfüllen und meine Ruhe von ihnen zu haben, willigte ich ein, dort zu Beginn meiner Sommerferien alleine hinzufahren. Große Lust darauf hatte ich nicht, und die Tage zuvor schlief ich nicht, weil ich mich mit Amphetaminen zudröhnte. Die ersten zwei Tage verschlief ich deshalb und war erst, als die Hälfte des Programms schon vorbei war, wieder auf dem Damm. Die Vorträge und Aktivitäten nervten mich, jedoch musste ich sie wahrnehmen. Durch eine „verbotene Liaison" mit einem jungen Mann versuchte ich mich von meiner inneren Leere abzulenken, bis ich am letzten Tag bei einer charismatischen Anbetung mit Dr. Johannes Hartl eine lebensverändernde Erfahrung machte. Während ich mich darüber wunderte, dass die Menschen in der Halle lachten, weinten, in komischen Sprachen (Anm. d. R.: dem Zungengebet) sangen und teilweise auch im Gebet umkippten (Anm. d. R.: weil sie vom Heiligen Geist erfüllt waren), machte sich eine mir unbekannte Frau zu mir auf den Weg. Sie sprach mich ganz unverhofft an und sagte zur mir, dass Gott sie zu mir schickt, um mich auf mein Drogenproblem anzusprechen. Das schockte mich so sehr, dass ich in Tränen ausbrach. Ich erzählte ihr von meiner festgefahrenen Situation, davon, dass ich in einem Leben feststeckte, das ich nicht leben wollte und von meinem großen Schmerz. Sie hörte mir zu, betete für mich, machte mit mir eine Lebensübergabe und schickte mich zu einem Priester, dem ich alles in der Beichte noch einmal erzählte. Er erteilte mir die Absolution und sprach mir die Versöhnung zu. All das fühlte sich zum ersten Mal so richtig und gut an. In mir breitete sich der Keim der Hoffnung auf ein besseres Leben aus. Das erste Mal überhaupt hatte ich das Gefühl, dass Gott real ist und die Wunder aus der Bibel keine Märchengeschichten sind. Er hat zu mir gesprochen! Durch diese Frau. Er hat mir gezeigt, dass er mich sieht, dass er mein schreiendes Herz wahrnimmt und mir eine andere Perspektive zeigen möchte. Wenn Jesus spricht, dann kann man nicht Nein sagen. Wenn man von seiner Liebe berührt wird, dann ist das, als bekäme man das erste Mal im Leben das, wonach man sich die ganze Zeit gesehnt hat. Motiviert, etwas in meinem Leben zu ändern, fuhr ich vom Zeltlager wieder nach Hause. Ich hatte dort noch einen „Brief an mich selbst" geschrieben. Die Organisatoren des Camps wollten ihn mir in drei Wochen zusenden, um mich an das Wunder, das Jesus in meinem Leben gewirkt hatte, zu erinnern. Am Tag nach meiner Rückkehr nach Hause wartete jedoch schon die erste Versuchung wieder auf mich.

Meine Freundin und Sitznachbarin in der Schule rief mich an und wollte mir das erste Mal überhaupt ihrerseits ein paar Nasen Speed ausgeben. Noch nicht gefestigt in meinem Vorhaben *clean* zu werden, sagte ich zu und fuhr zu ihr. Dort angekommen nahm ich eine besonders dicke Nase, um meine *cleane* Woche wieder aufzuholen, doch bat ich Gott, während ich das Röhrchen anlegte, um Verzeihung für meine Schwäche. Am Geschmack merkte ich, dass die Qualität des Amphetamins gut war, jedoch setzte auch nach längerem Warten keine Wirkung ein. Schnell beschlich mich der Verdacht, dass Gott die Wirkung ausgehebelt und ein Wunder getan haben könnte, was mich in den darauf folgenden Wochen dazu brachte, intensiv in der Bibel zu lesen und den Kontakt zu meinen alten Freunden abzubrechen.

Jedoch schrieb mir nach etwa drei Wochen mein Dealer, der meine Gesellschaft vermisste, ich hätte ein Kleid bei ihm vergessen. Ich ging also zu ihm und verfiel als Resultat wieder in meine alte Routine. Als der „Brief an mich selbst", den ich hochmotiviert im Zeltlager geschrieben hatte, bei mir ankam, hätte ich am liebsten geweint, weil ich so enttäuscht von mir war.

Rückfall in die Sucht und Abhängigkeit

Meine Sucht wurde nun noch schlimmer als zuvor, zumal ich immer mehr Männer kennenlernte, denen es Spaß machte, junge Mädchen mit Drogen zu füttern, um dann von ihnen im Zustand kompletter Willenlosigkeit sexuelle Zuwendungen einzufordern. Auch meinen Pflegeeltern fiel mehr und mehr auf, dass mit mir etwas nicht stimmte, obwohl ich weiterhin Johannes Hartls Gebetshaus und sämtliche Jugendgottesdienste besuchte und sogar meine Kumpels dorthin schleppte. Nachts schlief ich nicht, sondern weinte, bat Gott um Vergebung, las in der Bibel und widmete mich in meinem Wahn der geheimen Offenbarung des Johannes, nur um am nächsten Tag wieder rauszugehen, Freier zu bedienen und mich an Chemiecocktails zu berauschen.

Meine vermeintlichen Freunde waren Männer, die oft doppelt so alt waren wie ich und schwer kriminell. Von ihrer Brutalität und ihren dissozialen Zügen war ich fasziniert, weil diese Unangepasstheit ein Gegenmodell zur bürgerlichen Gesellschaft darstellte, der ich mich nicht zugehörig fühlte. Ich, die ich mich den ganzen Tag anpassen und verstellen musste, um irgendwie in meinem Umfeld zu überleben und dabei selbst völlig auf der Strecke blieb, wollte auch so werden wie sie: skrupellos und konsequent die eigenen Bedürfnisse durchsetzend, was immer es auch koste. All diese Menschen waren Ausgestoßene, denen in ihrem Leben irgendwann etwas widerfahren war, das sie nur schwer verarbeiten konnten, weil sie dabei auch keine

Unterstützung erhalten hatten. Uns vereinte unser Zorn auf die Gesellschaft, von der wir uns verraten fühlten. Statt in kindlichem Optimismus von einer besseren Welt zu träumen, wollte ich diese einfach nur noch brennen sehen. „Mach kaputt, was dich kaputt macht“, war ein Zitat, das in mir damals starke Resonanz fand. Es war ein Funke, der meine abgespaltene und unterdrückte Wut befeuerte. Eine Handlungsalternative zur ewigen Passivität, von der mein Leben geprägt war. Menschen um mich zu haben, die ein zerstörerisches Element in einem gut funktionierenden, aber kalten Staat darstellten, gab mir ein gutes Gefühl. Denn die tonangebende Einstellung in Deutschland vermittelt noch immer das Gefühl, dass jeder seines eigenen Glückes Schmied ist. Hartz 4 Empfänger werden als faule Schmarotzer gesehen, die nicht arbeiten wollen und dem Staat auf der Tasche liegen. Die Realität in meinem Umfeld war jedoch, dass diese Menschen ganz und gar nicht faul waren. Immer waren es innere und äußere psychische Blockaden, die sie daran hinderten, ihre Schule abzuschließen oder einer „normalen“ Arbeit nachzugehen. Ich wünschte mir soziale Gerechtigkeit, und es machte mich wütend, dass unser Staat sich zu dieser zwar bekannte, aber meiner Meinung nach viel zu wenig tat, um diese in die Tat umzusetzen.

Wo ist denn die Gerechtigkeit, wenn ein Kind ohne Vater, aber mit einem prügelnden Stiefvater in einer Hochhaussiedlung aufwächst, in der nur die Hälfte deutsch spricht? Wie soll es denn dort den richtigen Umgang mit der deutschen Sprache erwerben? Dieses Kind lernt auf der örtlichen Problemschule vielleicht gar nicht, dass sein einziger Weg aus diesem Dilemma Bildung und Arbeit sind. Was das Kind in seinem Umfeld lernt, ist, dass Toni Montana im Film *Scarface* vom Handel mit Kokain reich wurde und ein schnelles und intensives Leben führte. Ein Leben, mit dem es sich eher identifizieren kann, als mit dem des Chefs der Deutschen Bank, weil hierfür keine akademische Qualifikation von Nöten ist. Oder wie kann es gerecht sein, dass dieses Kind eventuell einen IQ von 130 hat, aber keine Förderung bekommt, während der kleine Hans-Uwe von den reichen Müllers eine Privatschule, Klavierunterricht und einen Turnverein besucht und nach dem Studium in das Unternehmen seines Großvaters als Partner einsteigt, während sein IQ und seine Sozialkompetenz tendenziell eher unter dem Durchschnitt liegen und Hans-Uwe auch nicht so wirklich Lust hat, etwas für sein Glück zu tun. Später wird Hans-Uwe mit seiner fettgefressenen Frau an der Main-Promenade Pizza essen und Prosecco schlürfen und den alten, verkrüppelten Mann, der ihnen eine Obdachlosenzeitschrift andrehen will, mit den Worten: „Geh arbeiten! Das muss ich schließlich auch jeden Tag“, wegschicken. Und wegen des ungeduldigen Blickes seiner Frau wird er ihm dann schließlich doch verächtlich schnaubend einen Euro in die Tasse werfen. Vielleicht projizierte ich meine Wut auch nur auf Staat und Gesellschaft, weil ich mein eigenes Leben nicht gerecht fand. Und vielleicht war eine abstrakte Institution auch leichter für mein eigenes Unglück verantwortlich zu machen als konkrete Personen, die in meinem Leben Leid verursacht hatten.

Wut und Aggression waren nämlich tatsächlich schon immer Themen, die mein Leben begleiteten. Zwar war ich immer sehr ruhig und friedlich, jedoch rutschte mir manchmal die Hand aus, wenn ich gereizt war. Meist ließ ich meine Wut gar nicht erst zu, aber phasenweise prügelte ich mich grundlos mit anderen Mädchen auf der Straße. Sie waren Platzhalter für alles, worauf ich wütend war, und dieselbe Funktion hatte auch ich für sie.

Wir trafen uns, um uns spüren zu können, wenn wir einsteckten und um uns stark zu fühlen, wenn wir austeilten. Das Gefühl von Macht, dessen mein Leben so oft entbehrte, war eine meiner größten Sehnsüchte. Auch meine Essstörung war ein Ausdruck dieser Sehnsucht. Mir ging es hierbei nicht darum, unbedingt schlank sein zu wollen. Vielmehr gefiel es mir, eisernen Willen zu zeigen und meinen Körper und seine Signale zu bezwingen. Wenn ich trotz Ohnmachtsanfällen und Schwindel auf Essen verzichtete, gab mir das Hungern das Gefühl von einer Kontrolle, die ich auf anderen Gebieten meines Lebens nicht hatte. Zum Beispiel im Kontakt mit Männern.

Immer weniger passte mein Leben zuhause mit dem, was ich draußen tat, zusammen, weshalb mich schon damals der Verdacht beschlich, dass ich an einer gespaltenen Persönlichkeit leide. Meine Depression wurde schlimmer und ich erkannte, dass ich mich für einen Lebensstil entscheiden musste. Deshalb lief ich kurz nach meinem 16. Geburtstag von meinen Pflegeeltern weg. Ob ich nun zu Gott gehörte, konnte ich nicht mehr genau sagen. Meine Taten standen dieser Annahme nämlich diametral entgegen. Man kann nicht zwei Herren dienen. Und weil ein Leben im Licht zum damaligen Zeitpunkt bedeutet hätte, mich meinen Pflegeeltern, von denen ich mich nie verstanden fühlte, anzuvertrauen, um von ihnen Hilfe zu bekommen, entschied ich mich gegen Gott.

Er kam mir sowieso nicht mehr real vor. Die Hölle sah ich jeden Tag in den Wohnungen meiner Dealer, aber Gottes Liebe spürte ich nicht. Deshalb wandte ich mich von Ihm ab und lief von meinen Pflegeeltern weg.

Meine erste große Liebe

Nach einer Großfahndung durch die Polizei kam ich in eine Inobhutnahme-Einrichtung, in der auch bereits meine beste Freundin lebte. Weil ich meine Anpassung an die äußeren Umstände weiter fortsetzte, merkte vorerst keiner im Heim etwas von meiner Sucht. Ich war noch immer mutterseelenallein und ohne irgendeinen Halt im Leben. Bis ich meinen Freund kennenlernte, meine erste große Liebe. Er hieß Jens und war siebeneinhalb Jahre älter als ich. Auf einer Party warf er ein Auge auf mich und gab mir deshalb Drogen und Zigaretten, ohne etwas von mir zurückzufordern. Die Art und Weise, wie er mich behandelte, hatte etwas Magisches, seine tiefschwarzen Augen schienen mich zu hypnotisieren. Ich fühlte mich, als seien unsere Seelen schon immer miteinander verbunden gewesen und hätten nur auf diesen Tag gewartet. Darauf gewartet, sich zu vereinen und miteinander in die Tiefe zu stürzen. Dass es sich hierbei nicht nur um eine emotionale Tiefe, sondern um einen echten Tiefpunkt handelte, konnte ich erahnen. Aber es machte mir nichts aus, denn ich liebte die Gefahr und den Nervenkitzel, wenn ich Risiken einging, die mich das Leben kosten konnten. Das Adrenalin erlaubte mir, mich zu spüren und lebendig zu fühlen. Die innere Leere in mir war zumindest für einen Moment nicht mehr bemerkbar. Und auch das kleine Mädchen in mir, das noch immer so große Hoffnungen und Träume hatte, hatte zum ersten Mal in ihrem Leben das Gefühl, gesehen und erkannt zu werden. Schon sein ganzes Leben hatte es Sehnsucht nach einer Vaterfigur, nach einem Mann, der es beschützt, versteht und wertschätzt. Meinem nicht vorhandenen

Vater habe ich tatsächlich immer hinterhergeweint, und nun kam jemand in mein Leben, der diese Rolle ausfüllen wollte. Denn Jens erklärte mir die Welt und dass diese Typen um mich herum nicht meine Freunde seien. Er beteuerte, dass ich ihm wichtig sei und klärte mich auf, wie abfällig man über mich sprach und dass ich in der Szene nur geduldet wurde, weil ich als Spielzeug herhalten sollte. Dann deklarierte er sich den anderen Männern gegenüber, dass ich nun ihm gehöre und kein böses Wort über mich mehr toleriert werden würde. Er versicherte mir, dass mein Wert nicht in Geld und Bestätigung bestehe, sondern an Anstand und monogamer Hingabe zu messen sei. Schnell hatte ich das Gefühl, er sei der einzige, der sich für mich wirklich interessierte und der einzige, dem ich vertrauen könne. Dass er immer wieder ohne Grund ausflippte, mich beleidigte und mir schon nach zwei Wochen die Tür ins Gesicht knallte sowie mich einmal sogar vom Bett stieß, interessierte mich nur marginal. Zu groß war meine Hoffnung, endlich jemanden gefunden zu haben, der es ernst mit mir meinte. Jemand, für den ich etwas Besonderes war, dem ich die Welt bedeutete. Denn solche Dinge sagte er manchmal, wenn wir völlig berauscht in seinem Bett lagen und ich seine emotionale Nähe wahrnahm. Ich kam mir vor, als sei ich in rosa Zuckerwatte gepackt und von Glitzer erfüllt, der all den Schmerz übertüncht. Wir waren eine Symbiose. Es war, als fühlte ich alles, was er fühlte, und ich kam mir vor wie eine zerbrechliche Porzellanpuppe, die er hegte, pflegte und vor den Blicken und Gefahren der Außenwelt behütete. Endlich war da jemand, der auf mich aufpasste. Denn aufgrund meiner Traumata griff bei mir im Moment einer Gefahr immer ein Mechanismus, der mich komplett handlungsunfähig machte und dafür sorgte, dass sich meine Gefühle von meinem Körper abspalteten, um das, was kommen könnte, stillschweigend ertragen zu können. Oder ich performte eben, was der andere sehen wollte, damit es schnellstmöglich vorbei war. Aber nun war ich solchen Gefahren scheinbar gar nicht mehr ausgesetzt. Ich gewann eine trügerische Selbstsicherheit, die, wie sich immer mehr herausstellte, eine Illusion war.

In der Jugendpsychiatrie

Nachdem das Jugendamt so langsam Wind davon bekommen hatte, wie es in Wahrheit um mich bestellt war, wurde ich in die Kinder- und Jugendpsychiatrie eingewiesen und musste anschließend eine stationäre Therapie machen. Weil Jens Drogenkonsument war, durften wir uns die ganze Zeit nicht sehen, was mich dazu veranlasste, einmal aus der geschlossenen Psychiatrie auszubrechen und später einmal von der Therapieeinrichtung wegzulaufen. Beide Male wurde Jens mir gegenüber gewalttätig und übergriffig. Als ich von einer der Einrichtungen weglief, wurde mir das erste Mal klar, wer der Mann, mit dem ich mich in meinem Liebesrausch frisch verlobt hatte, eigentlich war. In einem sinnlosen Streit, bei dem wir beide betrunken waren und der sich noch nicht einmal um irgendeinen meiner Fehler drehte, hatte er mich wieder einmal wild beschimpft. Da gab ich ihm, ermutigt vom Alkohol, eine Ohrfeige. Daraufhin versuchte er, mich aus der Wohnung zu prügeln und meine Sachen zu behalten. Im Treppenhaus schlug er wiederum schlagartig versöhnliche Töne an, um mich zurück in die Wohnung zu locken. Zur Versöhnung sollte ich ein *Sex Tape* mit ihm drehen, was ich weinend verneinte. Weil er nicht lockerließ, wurde aus meinem Weinen ein Flehen, aber er hatte kein Erbarmen. Er forderte entwürdigende Praktiken von mir. Irgendwann kam der Zeitpunkt, ab dem meine Erinnerung aussetzte. Am nächsten Tag war er wieder der liebste Mensch der Welt, der sich tausendfach entschuldigte und mich liebevoll umsorgte. Er riss mich zu Boden und war gleichzeitig die Hand, die mir wieder hoch half.

Vor Erleichterung darüber, dass „alles wieder gut war", weinte ich und verbarg mich in seinen Armen.

Ein weiterer Eklat während der Zeit meiner Abgängigkeit von der Psychiatrie war die Tatsache, dass meine 15-jährige Mitpatientin, die ich „in die Freiheit" mitgenommen hatte, von meinen alten Freunden vergewaltigt wurde. Es handelte sich um genau die Freunde, die doppelt so alt waren wie ich und auch meine Kontrollverluste immer wieder schamlos ausnutzten. Während sie von ihnen zum „Party machen" abgeholt wurde, damit Jens und ich unsere Ruhe haben konnten, verhielt ich mich komplett passiv. Für mich war deren Verhalten so gewohnt, dass mir nicht klar war, dass dieses Mädchen solche Übergriffe nicht für selbstverständlich halten würde. Auch die Tatsache, dass meine alten Kumpels uns Geld daließen, als sie das Mädchen mitnahmen, kam mir nicht komisch vor.

Nachdem wir zurück in der Psychiatrie waren, fühlte ich mich erdrückt von der Last der Schuld, die ich mir dabei aufgeladen hatte, als ich den Kontakt zwischen beiden „Parteien" hergestellt hatte. Das Pflegepersonal kümmerte sich nun darum, mich schnellstmöglich in die stationäre Therapieeinrichtung zu bringen. Bis dahin schrien einige Mitpatienten täglich durch die Stahltür, die ich nicht öffnen durfte, und klagten mich an, dass meine Mitpatientin vergewaltigt wurde. Weil es diesmal nicht mir selbst passiert war, konnte ich endlich erkennen, wie schlimm eine solche Tat ist, und ich weinte tagelang wie ein Schlosshund. Die Therapeuten und Pfleger sagten mir, dass das meine Schuld war. Um mich meines Schuldgefühls endlich entledigen zu können, bat ich Jens in meinen täglichen seitenlangen Briefen darum, die Männer zu töten. Natürlich tat er das nicht, und es interessierte ihn auch nicht. Für ihn war nur wichtig, dass ich nun nicht mehr in seiner Nähe war und wir auch längere Zeit getrennt bleiben würden, denn die stationäre Therapie sollte etwa ein Jahr dauern.

Letztlich blieb ich sechs Monate dort, weil ich nach einer Abgängigkeit einen Deal mit dem Jugendamt ausgehandelt hatte, der mich vorzeitig zurück in meine Heimatstadt bringen sollte.

Der totale Absturz

Die Freude war groß darüber, dass ich schon kurz nach meinem 17. Geburtstag wieder zurück in die Wohngruppe durfte und sogar mein eigenes Appartement bekam. Selbstverständlich verbrachte ich jedoch die meiste Zeit bei Jens und versuchte, die perfekte Hausfrau zu mimen. Täglich kochte ich für ihn und seine Freunde, wusch Wäsche und putzte. Meine hausfraulichen Qualitäten und meine Bemühungen, immer perfekt auszusehen, machten aus mir ein hübsches Schmuckstück, das Jens gern nach außen präsentierte. Mein Schulbesuch geschah eher nebenbei. Nachdem ich schon vorher wegen meiner Faulheit das Gymnasium verlassen hatte, musste ich jetzt auch noch die 10. Klasse der Realschule wiederholen. Weil ich keine Drogen nehmen durfte, tranken wir viel Alkohol und feierten wilde Partys mit seinen Freunden. Völlig unbegründet unterstellte Jens mir, mit ihnen zu flirten. Seine Eifersucht war schon von Anfang unserer Beziehung an ein Problem gewesen. Und tatsächlich stellte es sich heraus, dass Jens gefährlich war.

Schon etwa eine Woche nach Rückkehr in meine Heimatstadt eskalierte die Situation total. Es war etwa vier Uhr am Nachmittag. Normalerweise kam Jens erst um fünf Uhr von der Arbeit, weshalb ich mir gewöhnlich die Zeit bis dahin mit verschiedenen Telefonaten vertrieb. Diesmal kam er schon früher zurück und fand mich beim Telefonieren. Als er herausfand, dass ich mit einem alten Bekannten sprach, bewarf er mich mit seinen Schuhen. Dann mit den Einkäufen. Pudding spritzte über die Wand. Ich flüchtete aus dem Wohnzimmer in die Küche, aber er packte mich von hinten und schlug mir die Nase blutig. Begleitet von Flüchen und Beleidigungen schrie er mich an, schüttelte mich und zerrte mich ins Schlafzimmer. Er wisse genau, womit er mich am meisten „ficken“ könne, wenn ich ihn schon „ficke“. Das solle nun der „Abschlussfick“ werden. Er versuchte mich zu vergewaltigen. Irgendwann brach er diese Tat unter Tränen ab und entschuldigte sich. Schließlich wolle er doch nur, dass alles wieder gut werde und er dachte, ich würde mich freuen, wenn wir miteinander Sex hätten. Von der Situation komplett überfordert putzte ich heulend die mit Pudding bespritzte Wohnzimmerwand und vergab ihm. Zum damaligen Zeitpunkt dachte ich noch, dass er sich bessern würde, wenn ich nur gut genug performte. Wenn ich ihm die Liebe geben würde, von der er träumte, würde er mich sicher besser behandeln. Schließlich wären seine Eifersüchteleien bei „einer wie mir“ auch berechtigt. All die Stempel, die man mir gab, hatte ich so sehr verinnerlicht, dass ich dachte, schlecht behandelt zu werden sei das, was ich verdiente. Mein Selbstwertgefühl ging gegen Null.

Deshalb versuchte ich fortan, eine noch bessere Frau zu werden, die möglichst jeden Kontakt vermied, der für Eifersucht sorgen könnte. Nebenbei musste ich mich immer wieder gegen die üble Nachrede durch Jens’ Nachbarin verteidigen, die seine Fantasien, ich könnte fremdgehen, immer wieder bestärkte. Mehrmals ging ich zu ihr und forderte sie auf, damit aufzuhören, bis ich sie irgendwann heftig zusammenschlug. Beim ersten Mal zeigte sie mich nicht an, aber weil ich dasselbe später nochmal tat und es ein weiteres Mal versuchte, dabei jedoch versehentlich ihren Freund mit einer Bierflasche niederschlug, bekam ich nun also auch Probleme mit der Polizei. Die Nachbarin fungierte als das Ventil für meine Wut, das ich Jens gegenüber Angst hatte zu öffnen. All meine Wut, die ich unterdrückte, projizierte ich auf sie.

Für Jens war das das reinste Entertainment, und es stillte seine narzisstischen Fantasien, ein toller Hecht zu sein, dessentwegen sich Frauen sogar die Köpfe einschlugen. Gleichzeitig dienten die Gerüchte über mich auch dazu, weiterhin willkürlich und unberechenbar auszurasten und mein Verhalten zu konditionieren. Der nächste Streit ließ nicht lange auf sich warten. Und es wurde heftiger als je zuvor.

Es macht für mich keinen Sinn, die Handlung an dieser Stelle detailliert zu beschreiben. Deshalb umreiße ich sie grob. Bei einem Clubbesuch löste ich im betrunkenen Zustand wegen einer absurden Eifersuchtsattacke die Verlobung auf, indem ich meinen Ring wütend auf die Tanzfläche warf, und dann flüchtete. An der Bahnhaltestelle angelangt, holte mich Jens ein. Er brüllte mich an und verprügelte dann die Männer, die mir helfen wollten. Er forderte mich auf, ein Taxi zu nehmen und mit ihm nachhause zu fahren. Ich willigte ein, einerseits weil ich verängstigt war, andererseits aber hoffte ich, dass alles gut werden würde, wenn ich nur tat, was er sagte. Zuhause angekommen verprügelte und beleidigte er mich. Er beraubte mich meiner Freiheit, packte meine Haare und riss meine *Hair-Extensions* (Haarverlängerungen) vom Kopf. Sobald ich in die Nähe der Wohnungstüre kam, bedrohte er mich mit dem Tode und schlug mich weiter. So langsam schien sich in Jens' Verhalten ein wiederkehrendes Muster abzuzeichnen, als er mich im Streit vergewaltigte und danach wieder Harmonie suchte. Am nächsten Tag bekam ich einen Blumenstrauß und musste mir die Selbstanklage und Selbstgeißelung meines Freundes anhören. Er wolle sich umbringen, weil er so ein schlechter Mensch sei. Es tue ihm ja so leid, aber wenn ich solche Dinge mache, dann breche es ihm das Herz und er könne eben nicht anders. Schließlich sei ich ihm so unglaublich wichtig. Er würde sterben für mich. Ich sei seine Welt, seine Sonne. Er wolle mich heiraten und ein Baby mit mir. Er habe ja sonst niemanden, und er wolle im Leben doch nur Loyalität und jemanden, dem er vertrauen könne. Die anderen hätten ihn alle nur belogen, auch wenn sie natürlich wesentlich anständiger waren als ich, aber mich liebe er nun einmal. Er wolle nichts als mich allein, weil wir zwei schließlich die Welt seien. Nichts als uns, nur wir zwei, und so weiter und so fort ... Genug. Die Worte waren paradox und völlig konträr zu seinen Handlungen, aber sie wickelten mich ein. Psychologen sagen, es ist nicht wichtig, ob eine Aussage wahr oder falsch ist, ihr emotionaler Effekt bleibt derselbe. Offensichtlich haben gelogene Komplimente dieselbe Wirkung wie echte. So war es auch bei mir der Fall. Meine Hoffnung auf Besserung war so groß, dass ich bereit war, jedes Leiden in Kauf zu nehmen. Solche Situationen wiederholten sich. Streit, Freiheitsberaubung, Körperverletzungen, Vergewaltigungen ... Einmal, ohne dass ein Streit vorausgegangen war, lag er plötzlich mit einem Messer im Bett und hielt es an meinen Hals. Er flüsterte mir ins Ohr, dass „es“ nicht so wehtun würde, wenn ich schnell einschliefe. In einem Streit hatte ich ihn fast erstochen, weil er erst mich erstechen wollte und dann mitten im Wutanfall zusammenbrach. Er drückte mir zwei Messer in die Hand und forderte mich auf, ihn umzubringen. Wenige Minuten später schlug dies wieder in Gewalt gegen mich um. Als ich ihm reflexartig eines der Messer in seine Brust stieß, bekam ich wirklich Angst. Zum einen Angst um mein Leben, weil ich mir immer mehr des Ernstes meiner Lage bewusst wurde. Zum anderen jedoch aber auch Angst vor mir selbst. Denn das Messer in seiner Brust erfüllte mich mit einem tiefen Gefühl der Freiheit. Ich erlebte einen heftigen Adrenalinrausch und nichts in mir empfand in irgendeiner Weise Reue. Als Jens zu Boden ging, war das einer der glücklichsten Momente, die ich seit langem erlebt hatte. Umso mehr erschrak ich, als er sich wieder aufrichten konnte, weil das Messer im Knochen steckengeblieben war. An den restlichen Abend erinnere ich mich nicht mehr, aber ich vermute, dass er nicht gut für mich ausging.

Nun begann ich, mir ernsthaft Gedanken darüber zu machen, wie ich bloß aus dieser „Nummer“ wieder herauskommen könne. Würde ich die Beziehung nicht beenden, so würde ich entweder mein Leben verlieren oder die nächsten Jahre im Gefängnis verbringen, weil ich ihm sein Leben nehmen würde. Schlusszumachen hatte ich bereits mehrfach versucht, aber egal wohin ich ging, er verfolgte mich. Wenn ich ihm mit Trennung drohte, antwortete er mir wiederum mit der Drohung, meine Großeltern umzubringen. Und noch dazu meine Kaninchen, die er einmal sogar fast aus dem Fenster warf. Wenn ich versuchte, aus der Wohnung zu gehen, sperrte er mich entweder ein, oder er folgte mir und schlug auf meinem Weg immer wieder auf mich ein.

Oder er versuchte, mein Gesicht mit brennenden Zigaretten oder Bierscherben unansehnlich zu machen, damit mich keiner bekommen kann, wenn er mich schon nicht bekäme.

Einmal nutzte ich die Chance, als er Besuch hatte, weil ich wusste, dass er mich vor den anderen gehen lassen würde. Also packte ich meine Sachen und ging zu einem alten Freund, der einer der größten Dealer der Stadt war. Dem erzählte ich ein bisschen von meinem Elend. Er bot mir eine chemische Substanz an, mit der ich ihn umbringen oder auch sein Leben lang unschädlich machen könnte. Es handelte sich um ein Halluzinogen. Er meinte, es sei noch nicht sehr erforscht, aber eine Überdosierung würde dazu führen, dass man lebenslang geistig behindert und an den Rollstuhl gebunden bliebe, oder man würde eben sofort sterben. Natürlich lehnte ich das ab, aber allein schon die Idee, so etwas tun zu können, verschaffte mir Erleichterung. Ich hatte inzwischen wirklich permanent Angst um mein Leben und wusste, ich müsse etwas tun, um es zu retten.

Plötzlich keimte in mir der Wille zu leben auf. Wo ich vorher so passiv dem Tod entgegengehen wollte, wurde nun ein Keim von Willenskraft genährt, der den Ereignissen zu trotzen schwor. Der passive und emotional-abhängige Anteil in mir wurde kleiner und schwächer im Vergleich zu der Frau, die sich irgendwo tief in mir versteckt hielt, die darum kämpfte, all das Kommende zu überstehen. Denn eigentlich war ich nicht so schwach, wie ich mich gab.

Ein gerissener Plan

Eigentlich hatte ich bis zum damaligen Zeitpunkt schon so wahnsinnig viel überlebt, dass es völlig absurd war, mich selbst für schwach zu halten. Eine nie zuvor dagewesene Klarheit machte sich nun breit. Eine Klarheit, dass dieser Mann es nicht wert war, zu sterben. Klarheit darüber, dass er ein wenig intelligenter, narzisstischer und antisozialer Mann mit großen Komplexen war, der mir bei weitem nicht das Wasser reichen konnte. Ein Mann, der nicht das Recht hatte, mich als unrein abzustempeln, um mich schließlich wie beschädigtes Gut behandeln zu dürfen, das nur froh sein könne, dass er es behielt. Er hatte nicht das Recht, mich zu vergewaltigen. Er hatte auch nicht das Recht, zu entscheiden, ob ich leben oder sterben müsse. Auch hatte er nicht das Recht, mir Angst machen zu dürfen. Er? Ein Mann, der gerade einmal zwei Zentimeter größer war als ich? Er war sogar nur noch genauso schwer wie ich, weil er kaum noch aß und viel zu viel Drogen konsumierte. Natürlich sind Männer den Frauen meistens trotzdem körperlich überlegen. Aber ich möchte damit sagen, dass Jens bisher in meinem Kopf mindestens drei Meter hoch und zwei Meter breit war, eine omnipotente Gestalt, die in der Lage war, mich komplett zu beherrschen. Nun entdeckte ich aber, dass dem nicht so war und ich wohl doch eine realistische Chance hatte, mein Leben zu retten. Immer mehr erkannte ich, wie lächerlich meine Ängste waren. Natürlich gab es für sie rationale Gründe, deshalb habe ich auch heute noch Angst vor ihm. Aber warum sollte so ein mickriger Mann so eine Macht über mein Leben haben? Ein Mann, dem ich so haushoch überlegen war, sollte nicht der Grund dafür sein, dass mein Leben zu Ende ging. Die Macht über Leben und Tod wollte ich selbst beibehalten. Ich glaubte nicht mehr an einen Gott, deshalb wollte ich selbst entscheiden, wann ich sterben sollte. Möglichst jung, möglichst schön, möglichst schmerzlos. Und nicht durch die Strangulation dieses Mannes, oder mit einem Küchenmesser in der Brust, frisch vergewaltigt. So ein Tod wäre würdelos gewesen. Also entwickelte ich angesichts der sich zuspitzenden Ereignisse einen Plan.

Erst kam mir natürlich wieder der dealende Bekannte in den Sinn, mit dem ich eine Affäre begann, um mir seine Unterstützung zu sichern. Gegen meinen Willen bot er mir immer wieder an, diese Substanz, von der er mir erzählt hatte, zu beschaffen, damit ich Jens selbst erledigen könnte. Obwohl mir der Gedanke daran widerstrebte, war meine Not tatsächlich so groß, dass ich immer wieder darüber nachdachte. Aber meine Angst, dass Jens misstrauisch werden und mich als Versuchskaninchen benutzen würde und ich dann das Gift selbst schlucken müsste, war noch größer. Der zweite Vorschlag war, einer Schlägertruppe der *Hell's Angels* 1000 Euro zu bezahlen, die ihm mit einem Baseballschläger die Kniescheiben zertrümmern und ihn dadurch überzeugen sollte, mich nie wieder zu kontaktieren. Weil ich diesen Plan jedoch für wenig erfolgversprechend hielt, dachte ich mir selbst einen aus, in den ich meinen Bekannten letztlich gar nicht einweihte.

Dafür musste ich Jens meinem Bekannten vorstellen und Jens dazu bringen, eine größere Menge Amphetamin zu kaufen. Ihn davon zu überzeugen, war nicht schwer. Ich erwischte ihn bei seiner Schwäche zum Größenwahn und phantasierte ihm Szenarien herbei, in denen sich alles um viel Geld, seinen schon bald großen Namen im Geschäft und guten Stoff drehte. In meinen Geschichten, die ich ihm vorphantasierte, waren wir verheiratet, flogen zum *Honeymoon* in die Karibik, koksten, was das Zeug hielt, und waren reich und glücklich. Als ich ihm dann sagte, dass ich einen Bekannten habe, der sehr reinen und auch günstigen Stoff habe, war er angefixt. Zwar hatte ich auch hier mit seiner Eifersucht zu kämpfen, jedoch war ich fest entschlossen, meinen Plan durchzuziehen. Es ging darum, dafür zu sorgen, dass immer genug Stoff im Haus war, sodass die Polizei ihn bei einem Hinweis und einer darauf folgenden Hausdurchsuchung in Untersuchungshaft nehmen würde und er für längere Zeit ins Gefängnis müsste. So entging ich dem direkten Weg und den damit verbundenen Ängsten, die sich durch seine Drohungen bei mir auftaten, wenn ich einfach selbst zur Polizei gehen wollte. Folglich nahm Jens meinem Bekannten etwa zwei Wochen lang eine größere Menge Drogen ab, die wir dann noch einmal 1:1 streckten. Seine Freunde waren begeistert, Jens sehr glücklich. Zumindest mit der geschäftlichen Situation.

Mit mir gab es weiterhin die Streitereien wegen seiner Eifersucht. Nun bekam ich eine Woche Zeit, ihm meine Untreue zu gestehen. Ich wusste, dass ich, egal was ich sagen würde, sterben oder etwas anderes Schreckliches erleben würde. Seine Nachbarin goss nur noch Öl ins Feuer und erzählte Geschichten von Männern, die ein und ausgingen und Dinge, die einfach nicht der Wahrheit entsprachen. Als Jens mich mitten unter der Woche an einem Nachmittag vergewaltigte, stand sie lachend vor unserer Tür. Am Tag des Endes meines Ultimatums war ich dann psychisch so am Ende, dass ich mich entschloss, meinen Plan zu Ende zu bringen. Es war zwar nicht mehr so viel Amphetamin da wie am Anfang. Aber ich dachte mir, die Menge würde schon ausreichen, um zu einer Verhaftung von Jens zu führen. Mein ganzer Körper war von roten Flecken übersät, die durch meine panische Angst verursacht wurden. Das Adrenalin war so stark, dass ich zitterte. Mein Herz raste. In der Straßenbahn auf dem Weg zum Heimleiter meiner Wohngruppe dachte ich, während die Bahn durch Jens' Stadtteil fuhr, dass ich einen Herzinfarkt bekäme. Die Angst war unerträglich. Bei meinem Heimleiter angekommen, wusste ich erst einmal nicht, wie ich anfangen sollte, aber bat ihn dann ziemlich direkt, die Polizei über das Amphetamin in Jens' Gefriertruhe zu informieren. Als er anrief, schien die Polizei schon zu ahnen, dass ich mit im Raum saß, und wahrscheinlich auch, dass etwas vorgefallen sein musste, das mich zu dieser Tat motivierte. Die sonst so emsig agierende Drogenpolizei lachte und sagte, sie könnte ohne eine Aussage nichts tun. Für mich brach eine Welt zusammen, denn es durfte nicht sein, dass meine Pläne vergebens waren und ich, wie ich fürchtete, nun sterben müsse. Also beriet ich mich mit meinem Heimleiter, wie man die Situation so drehen könnte, dass ich keine Aussage machen müsste und Jens' Stoff trotzdem gefunden werden würde. Der Plan war, eine Durchsuchung meines Appartements in der Wohngruppe vorzutäuschen, bei der Amphetamin gefunden wurde. Die Angestellten hätten nur ihre Pflicht getan, die Polizei zu informieren. Weil am unteren Hauseingang eine Überwachungskamera installiert war, sollte man den gefundenen Stoff, der sich tatsächlich in meinem Appartement befand, Jens zuordnen können, der mich ja regelmäßig besuchte. Denn mein Drogentest war negativ. Als dann aber herauskam, dass nicht nur Jens, sondern auch noch ein weiterer Bekannter, den ich nicht in dieses Problem hineinziehen wollte, auf der Kamera zu sehen waren, bekam ich Panik. Inzwischen befanden wir uns auf der Polizeiwache und man redete auf mich ein. Dass ich eine Aussage machen solle. Was mich denn davon abhalte, wovor ich denn Angst hätte. Dann meinte der Polizist, dass er meinen Freund ja schon einmal verhaftet habe und es auch da einen Belastungszeugen gegeben habe, diesem jedoch nichts passiert sei, weil Jens „keiner Fliege etwas zuleide tue". Das war für mich der Tropfen, der das Fass zum Überlaufen brachte. Die Anspannung entlud sich in einem schrecklichen Heulkrampf und ich begann: „Ach ja? Keiner Fliege was zu Leide? Was ist das dann, dass er mich ständig schlägt, dass er mich einsperrt und, wenn ich dann keinen Sex möchte, er einfach weiter auf mich einschlägt und es trotzdem macht?"

Der ganze Raum stand unter Schock. Ein Polizist klärte mich darüber auf, dass es nun keinen Strafantrag meinerseits mehr brauchte, weil alle im Raum gehört hätten, was ich von mir gab und bei solchen Fällen öffentliches Interesse für eine Strafverfolgung bestünde. Also gab ich meine Version der Geschichte zum Besten und war erleichtert, als man mir von Jens' Festnahme berichtete. Scheinbar hatte er es geahnt, denn auf meinem Handy sah ich später über 100 verpasste Anrufe. Als er eine Freundin von mir in der Bahn sah, versuchte er wutentbrannt der Bahn hinterherzurennen, um sie zu sprechen, wie sie mir später erzählte. Doch irgendwie hatte ich Skrupel und vermisste ihn, weshalb ich nach dem Wochenende bei der Polizei anrief und behauptete, gelogen zu haben. Zum Glück glaubte mir der Polizist nicht, weil er meinen Gefühlsausbruch selbst miterlebt hatte und wusste, dass man so etwas nicht vortäuschen kann. Für mich begann nun eine intensive Zeit, in der ich mehr Drogen konsumierte als je zuvor.

Jede Woche aufs Neue zur Polizei gehen zu müssen, um meine Aussage zu wiederholen, machte mich kaputt. Erinnerungen an Dinge, die mich innerlich so zerstört hatten – was mir jedoch vorher nicht klar war – kamen wie ein Bumerang auf mich zugerast und übermannten mich. Ich fühlte mich völlig verloren. Mein einziger Anker war mein Bekannter, bei dem es immer Drogen gab und dessen Freunde auch immer in Partystimmung waren. Jedoch beäugte man mich in der ganzen Stadt mit Misstrauen, weil man Angst hatte, dass meine Anwesenheit den Menschen die Polizei ins Haus locken könnte. Schließlich war ich die Freundin eines gefassten Drogendealers. Man fürchtete, dass ich observiert würde. Ein paar Männer waren nicht so misstrauisch, und ich hing häufig bei ihnen herum. Wir tranken Tramal und Codein, nahmen Tramadol und Benzodiazapine. Die Designerdrogen und Aufputschmittel beunruhigten mich nur noch weiter, weswegen ich mich nach Ruhe sehnte, die mir nur noch Opiate und Benzos, also Schmerz-, Schlafmittel und Muskelrelaxanzien gaben.

Mein erster Suizidversuch

Nachdem mir ein Freund eine Sammlung von Beruhigungsmitteln geschenkt hatte, startete ich meinen ersten ernsthaften Suizidversuch. Viele bunte Pillen waren in ein Säckchen gefüllt. Ich nahm sie alle auf einmal zu mir. Ich war zwar nicht ganz ruhig, sondern etwas verwirrt, aber ich weinte nicht, denn sterben schien mir die einzig angenehme Alternative zu meinem verkorksten Leben. Zu groß waren die Schmerzen in mir, zu groß die Ängste. Ich hielt sie einfach nicht aus. Nach etwa einer halben Stunde legte ich mich in mein Bett, weil die Tabletten langsam zu wirken begannen. Aber statt meiner Gedanken schien nur mein Körper ruhig zu werden. Meine Gedanken schienen aus meinem Körper herauszutreten und ich wartete auf den Moment, von dem man mir immer erzählt hatte, dass man sein Leben an sich vorbeiziehen sehe. Das trat zwar nicht ein, aber dafür bekam ich schreckliche, wiederkehrende Erinnerungen an mein Kindheitstrauma. Ich konnte zwar keine visuellen Bilder wahrnehmen, aber vor meinen geschlossenen Augen tat sich eine graue Masse auf, die mich mehr und mehr verzehrte und lähmte. Ich konnte fühlen, wie ein überdimensional großer Körper mich missbrauchte, was mich darauf schließen ließ, dass diese sich aufdrängende Erinnerung aus meiner frühesten Kindheit stammen musste. Irgendwann kurz darauf muss ich eingeschlafen sein. Ich wachte drei Tage später völlig dehydriert und nassgeschwitzt auf und lag auf meinem Wohnzimmerboden.

Hero-in

Wenige Tage später lernte ich beim Trinken im Park einen Mann kennen, der Heroin konsumierte. Ich hatte zwar bereits wenige Male Heroin geschnupft, doch es gefiel mir nicht, weil ich mit der sedierenden Wirkung damals noch nicht viel anfangen konnte. Wir unterhielten uns über Kokain, und er erwähnte, dass die Wirkung eines Cocktails aus Heroin und Kokain wohl noch viel besser sei als Kokain allein. Diese Behauptung ließ mich tagelang nicht los. Auch die Tatsache, dass ich seit Tagen weder Benzos noch opiathaltige Medikamente konsumiert hatte, machte es nicht besser. Deshalb rief ich ihn an und bot ihm an, ich würde ihm die Hälfte eines halben Gramms Kokain schenken, wenn er mir dafür meinen ersten Druck setzte. Für einen Heroinsüchtigen ist das ein super Deal und wir fuhren, nachdem ich ein halbes Gramm Kokain erworben hatte, zu ihm. Ich war sehr nervös und ein bisschen ungeduldig, weil er sich erst selbst noch einen Schuss setzte. Währenddessen saß ich mit freigelegtem, ausgestrecktem Arm auf seiner Couch und beobachtete das Prozedere. Als ich an der Reihe war, schlug mein Herz schnell und laut. Er setzte die Nadel an meine Unterarmvene an und drückte nach kurzem Blutansaugen langsam ab. Die braune warme Flüssigkeit machte sich in meinem Körper breit und schlug mir etwa acht Sekunden später in den Bauch. Meine Wahrnehmung veränderte sich wirklich schlagartig. Eine wohlige Wärme durchströmte mich und all die Anspannung der letzten Monate und eigentlich sogar der letzten Jahre wich von mir. Plötzlich war in meinem Kopf ein Frieden, der mich durch und durch erfüllte. Diese Zufriedenheit hatte ich zuvor nicht gekannt. Statt einem ewigen Suchen nach dem nächsten Kick und einer ständigen Unruhe und Rastlosigkeit genoss ich es, einfach still zu sein und auf der Couch zu sitzen. Ich war plötzlich glücklich. Alles war gut, denn meine Welt war nun in Watte eingehüllt. Es war, als bekäme ich eine Dusche der Liebe, die mir mein ganzes Leben lang gefehlt hatte. Als ich wegging, weil ich nachhause musste, hatte ich auch das erste Mal nach sehr langer Zeit draußen im Freien keine Angst. Voller Elan ging ich schnellen Schrittes durch die Straßen und lächelte alle Menschen an, so als würde ich sie kennen. Ich fühlte mich heldenhaft. Hero-in. So hieß meine neue große Liebe. Heute würde ich sagen, dass dieses Gefühl die synthetische Kopie dessen ist, was Gott einem Menschen geben möchte. Heroin ist verlogen. Es verursacht ein Gefühl, das man nur ein einziges Mal in dieser Intensität haben kann und dem man deshalb immer wieder nachjagt. Ab diesem Zeitpunkt läuft man um sein Leben und nimmt sämtliche Pfade in Kauf, um sich irgendwann wieder so zu fühlen, wie beim ersten Mal. Man experimentiert mit der Dosis, mit reinerem Stoff, aber nichts kommt an den ersten Schuss ran. Dadurch verliert man Lebenszeit und Geld, damit einhergehend auch Skrupel und Gewissen, weil alles andere in die Bedeutungslosigkeit versinkt.

Weil meine Freunde davon mitbekamen, wurde mir von einigen die Freundschaft gekündigt und ich suchte mir einen Typ, der für seinen Heroinkonsum bekannt war. Um unseren Konsum finanzieren zu können, vermittelten wir kleine Heroindeals, zockten die Käufer teilweise ab und führten die Gastwirtschaft seines Vaters, der gerade im Gefängnis war. Nach etwa sechs Wochen, als unser Dealer eines Morgens nicht auftauchte, bemerkte ich zum ersten Mal meine körperliche Abhängigkeit.

Nassgeschwitzt und gähnend saß ich im Lokal und konnte mich nicht aufraffen, irgendetwas zu tun. Wenn kein Heroin zu beschaffen war, holten wir uns Heroinsubstitute. Häufig betranken wir uns auch gemeinsam, woraufhin wir uns manchmal zu prügeln begannen. Inzwischen war es fast so, als müsste ich jeden Mann dahingehend testen, ob er im Ernstfall gewalttätig werden würde. Wenn man mir gegenüber abschätzig wurde, wurde ich nun auch respektlos. Ich schüttete Getränke über meinem Kontrahenten aus und ließ mich mitreißen. Manchmal teilte ich auch selbst aus.

Es folgten wieder ähnliche Beziehungen, die demselben pathologischen Muster folgten, wie jene mit Jens. Ich brach sie aber wieder ab, weil ich mich kurz nach meiner mit 3,0 abgeschlossenen Mittleren Reife dazu entschloss, eine weitere Therapie anzutreten. Nach fünf Wochen kam ich aber wieder in meine Heimatstadt zurück. Ich zog zu meinen Großeltern, weil das Jugendamt die Unterstützung einstellte und ich somit keine Unterkunft mehr hatte. Dort wurde ich sofort rückfällig mit Heroin und begann wieder, mich gelegentlich zu prostituieren. Weil ich aber lieber arbeiten wollte, fing ich als Ausschankkraft auf 400 Euro Basis in einem Restaurant an und bediente dann zwischen drei Uhr nachmittags und fünf Uhr morgens in einem türkischen Café. Dort bekam ich 50 Euro pauschal für die Stunden und durfte das Trinkgeld, das oft ebenso hoch war, behalten. Für mich war das optimal, weil ich mir damit Heroin leisten konnte. Aber nach nur kurzer Zeit vergewaltigte mich mein Chef, als ich mich gerade zum Schlafen auf die Eckbank gelegt hatte, weil ich warten musste, bis der letzte Gast vom Spielautomaten aufstand. Deshalb kündigte ich den Job nach ein paar Tagen und entschloss mich, nachdem auch noch mein

Freund verhaftet wurde, eine Substitutionsbehandlung anzutreten. Dazu riet mir mein Hausarzt, der vermutete, dass ich mich prostituierte. Weil er mich kannte, konnte ich schon am nächsten Tag mein Methadon abholen.

Dass Jens kurz vor meinem 18. Geburtstag zu einer Freiheitsstrafe von nur fünf Jahren verurteilt wurde, wovon er zweieinhalb Jahre wegen meines Zutuns erhielt, raubte mir die Illusion einer bestehenden Gerechtigkeit auf dieser Welt. Dieser Mann hatte mich gebrochen. Vor dem Gerichtssaal brach ich zusammen, und im Saal wurde ich von ihm hasserfüllt angezischt, dass die Drogen, deretwegen er verurteilt wurde, von mir kämen. Sein Anwalt wollte von mir den Namen des Mannes, der mich mit 14 Jahren vergewaltigt hatte, um ihn zu fragen, ob das denn stimme. Wenn dieser Nein gesagt hätte, wäre das ein Beweis für meine vermeintliche Unehrlichkeit gewesen. Es war so absurd. Ich fühlte mich wie in einem Kreuzverhör. Und ich wusste, dass mir kaum jemand Glauben schenkte. Für die Anwesenden war ich eine drogenabhängige Jugendliche aus der Unterschicht. Meine Prostitutionserfahrung und die Tatsache, dass ich mich nicht in Sack und Asche hüllte, machten meine Glaubwürdigkeit zunichte. Im Nachhinein denke ich, dass mich der forensische Psychiater mit seinem Gutachten gerettet hat. Auf Jens' Anschuldigungen hin, ich sei psychisch so sehr erkrankt, dass man mir nicht glauben könne, stellte er fest, dass ich fast vollkommen gesund war und es bei mir nur leichte Charakterakzentuierungen gab. Es kam schließlich zu einer Verurteilung von Jens, auch wenn diese nicht sehr hart ausfiel.

Letztendlich waren es so viele Ereignisse, die mich dazu geführt hatten, nach einem sehr fraglichen Lebensentwurf zu leben.

Im Rückblick kann ich sagen, dass mir die Erlebnisse mit Jens wirklich am meisten zugesetzt haben. Nach wie vor hatte ich ständig Angst, er könne vom Knast aus Menschen beauftragen, mir wehzutun. Denn damit drohte er mir ständig. Er drohte mir damit, Massenvergewaltigungen zu veranlassen, mir Säure ins Gesicht schütten zu lassen. Bis heute habe ich deshalb Albträume und Ängste.

Mit 18 Jahren eine Escort-Lady

Kurz darauf wurde ich 18 Jahre alt und begann, für vier Wochen lang in der Nachtschicht als Lagerhelferin zu arbeiten. Was mir jedoch eher schlecht gelang, weil ich vom Methadon so müde war, dass ich immer wieder zwischen den Rollbändern einschlief. Noch während dieser Anstellung erkundigte ich mich nach Escort-Jobs. Ich fühlte mich nicht mehr fähig, einer normalen Arbeit nachzugehen. Das Leben machte mir keine Freude. Eingesperrt zwischen meinen beiden zwanghaften Großeltern und einem Job nachgehend, der auf vier Wochen beschränkt war, brauchte ich eine Perspektive. Mein Hartz 4 Antrag wurde nämlich abgelehnt und für sechs Monate gesperrt, weil ich ein Formular, das mir die Kindergeldkasse nicht übermittelt hatte, dadurch nicht fristgerecht abgeben hatte können. Weil es mit meinen Großeltern oft sehr langweilig und manchmal ein bisschen anstrengend war, wollte ich unbedingt in eine eigene Wohnung gehen. Schließlich lebte ich ja mit demselben Mann zusammen, der meine Mutter im Alter von 17 Jahren vergewaltigt hatte (ihr Stiefvater), und der Frau, die ihre Mutter war, sich aber auf die Seite ihres Mannes und nicht auf die ihrer Tochter gestellt hatte. Von solchen Menschen derartig abhängig zu sein und ihr Verhalten nicht kritisch hinterfragen zu können, weil dies bedeuten würde, den letzten Rest Familie aufzugeben, der mir noch geblieben war, belastete mich sehr.

So kam es dazu, dass ich meinen ersten Freier über eine Escort-Agentur traf. Am Telefon war der Chef der Agentur wahnsinnig nett und lustig und total sympathisch. Er machte mit mir direkt einen Termin noch für denselben Tag aus. Um 20 Uhr traf ich

„George Clooney", einen Testfreier, der die Mädchen in die Welt des Escorts einführte. Ich war sehr aufgeregt, aber der Mann war wirklich nett und hatte selbst ein Problem mit Depressionen. Er war von Tabletten abhängig, was mir sehr vertraut vorkam. Während des „Dates" bekam ich meine Periode, weshalb wir die restliche Zeit einfach nur herumsaßen und quatschten. Dann fuhr er mich nachhause. Mein Chef ließ mich die Provision behalten und freute sich darüber, dass alles gut geklappt hatte. Für ihn war nun wichtig, dass ich in die Stadt fuhr, in der die Escort-Agentur ihren Sitz hatte. Dort sollte ich ein Fotoshooting für die Webseite bekommen und das Personal kennenlernen. Mein Arzt wollte mir für diese Zeit mein Substitut für Heroin nicht mitgeben, weil ich noch nicht lange genug bei ihm in Behandlung war. Ich glaube aber, es ging ihm viel eher darum, dass er meine Prostitution nicht guthieß, und er hoffte, mich dadurch davon abhalten zu können. Weil ich aber mit einem Stundenlohn von knapp 200 Euro netto das große Geld roch, machte ich einen „kalten Entzug", also ohne Medikamente, zuhause bei meinen Großeltern, bis ich dann kurz nach Weihnachten zum Sitz der Agentur fuhr. Vor der Abfahrt kaufte ich mir noch ein Smartphone und eine Schachtel Zigaretten, und dann ging es los.

Nach drei Stunden Fahrt war ich da und wurde von einem älteren Herrn mit Playboy-Kappe abgeholt, der wohl das „Mädchen für Alles" für die Agentur war. Er richtete die Wohnungen her, ging einkaufen, holte das Geld ab oder holte Frauen vom Bahnhof ab. Mit seiner offenen Art weckte er schnell mein Vertrauen, auch wenn er ein wenig schrullig auf mich wirkte. Mein Chef erwartete mich bereits im Haus und stellte mir den schwulen Stylisten und die Telefondamen vor. Das Haus war sehr groß und beinhaltete verschiedene Büros, ein Fotostudio mit Stylingbereich und noch weitere Räume, an die ich mich nicht erinnere. Die Wohnung, in der ich für 10 Euro pro Nacht schlafen durfte, war 120 Quadratmeter groß, hatte Marmorböden und vergoldete Wasserhähne, drei Schlafzimmer, eine Sauna, eine Fußbodenheizung und sah insgesamt einfach sehr luxuriös aus.

Dort wollte ich auch bis kurz nach Silvester für eine Woche bleiben und arbeiten. Von dieser einen Woche verbrachte ich einen Tag mit dem Fotoshooting, für das ich professionell gestylt wurde und einen Tag verbrachte ich in der Stadt beim Shoppen. Weil mein Entzug noch nicht ganz vorbei war, holte ich mir, bevor ich losfuhr, noch einen Blister Schlaftabletten in der Notaufnahme, die ich dann alle auf einmal schluckte, als ich an Silvester ein *Overnight-Date* mit einem Mann hatte, der mich sehr anstrengte. Einerseits wusste er überhaupt nicht, was er mit mir anfangen sollte, andererseits wollte er aber auch alles Mögliche von mir. Das Date sollte zwölf Stunden dauern, wobei ich ein Recht auf sechs Stunden Schlaf hatte. Nach drei Stunden nahm ich jedoch, noch kurz vor dem Jahreswechsel, das Blister Tabletten, und schlief dann fest, bis der Freier sich von mir verabschiedete. Die anderen Freier waren teilweise auch sehr anstrengend, blieben aber wenigstens nicht so lange da. Mit ein paar Männern habe ich mich hingegen auch wirklich gut verstanden, weil sie meinen Vaterkomplex bedienten. Hauptsächlich kamen Männer aus der Oberschicht zu mir, die mir von ihren interessanten Berufen erzählten und von einem Leben, das mir völlig fremd war. Die Art, wie sie über ihr Leben sprachen, hatte etwas Warmes und Väterliches. Einerseits waren alle Unterschiede zwischen uns komplett ausgemerzt, weil wir im Bett beide nackt waren und damit am gleichen Ort und ohne die Kleidung eben keiner gesellschaftlichen Schicht zuzuordnen waren. Andererseits bestand natürlich immer das Machtverhältnis zwischen der Bezahlten und dem Bezahlenden. Der Kunde war König. Diesen Unterschied musste ich so gut es ging überspielen. Es ging darum, so zu tun, als würde mir alles furchtbar Spaß machen und als hätte ich mein „Hobby zum Beruf gemacht". Jeden Ekel, den ich empfand – und das kam nicht selten vor –, musste ich, so gut es ging, verbergen. Die Körper mussten auf Vollkontakt gehen, das Ego des Mannes befriedigt werden. Egal wie grob, egal wie schmierig ein Kunde war, ich musste anschmiegsam und freundlich bleiben. Schon in den ersten zwei Minuten lernte ich zu erahnen, welche verborgenen Wünsche ein Mann hatte, um dann so zu tun, als seien diese auch meine Wünsche. Ich suggerierte, dass ich diejenige war, die von Perversionen träumte und sie ausgerechnet mit dem Mann, der mir gegenüber saß, ausleben wollte. Eine schauspielerische Meisterleistung, bei der ich mich komplett selbst verleugnete. Nichts von meiner Person blieb übrig. Früher betrachtete ich die Prostituierte als eine Projektionsfläche, auf die ein Freier seine Wünsche und Sehnsüchte projizieren konnte, eine Leinwand, die ihr wahres Bild verstecken muss, um das abbilden zu können, was von ihr erwartet wird. Wenn ich heute darüber nachdenke, was ich damals tat, dann nenne ich das jetzt lieber einen Seelenspiegel. Denn noch bevor ich wirklich wusste, was ein Freier von mir wollte, erahnte ich bereits die Charakterstruktur meines Gegenübers. Ich spiegelte ihm das, was er sich wünschte, vor, sogar noch bevor er selbst wusste, was er eigentlich wollte. Ich wandte eine Mischung aus empathischer Feinfühligkeit und Suggestion an und versuchte damit, Männer sexuell von mir abhängig zu machen. So konnte ich mich als die Frau inszenieren, die den

Freier als einzige wirklich kannte und verstand, die einzige, mit der er seine Wünsche ausleben konnte. Und noch dazu war ich jung, schön und für eine 18-Jährige recht eloquent.

Das Geld verlieh mir Anerkennung. Ich verdiente 3.500 Euro in fünf Tagen. Obwohl ich nicht das Gefühl hatte, viel zu arbeiten. Mein Chef war ganz aus dem Häuschen. Ich auch. Denn plötzlich machte mein ganzes Leben Sinn. Zumindest empfand ich es so. Denn das jahrelange Leben in feindseligen Umgebungen, in denen ich nicht ich selbst sein durfte, in denen ich mich restlos anpassen musste, und nicht zeigen durfte, was ich wirklich dachte, hatte mich schließlich zu derjenigen gemacht, die ich nun eben war. Meine Menschenkenntnis, die ich mir nach dem Schema „*trial and error*", also unter vielen schmerzlichen Erfahrungen aneignen musste, und die Fähigkeit zur totalen Selbstaufgabe zahlten sich endlich aus. Es war, als hätte ich nun alles, wovon ich je geträumt hatte. Euros, Anerkennung, Wertschätzung, Sinn, und Männer, die mir etwas gaben, das sich manchmal wie Vaterliebe anfühlte. Nun war ich keine Ausgestoßene mehr. Zwar war ich noch immer keine ehrenwerte Frau und auch keine respektierte Bürgerin, aber ich hatte Kontakt zu den Reichen und Schönen und fühlte mich von ihnen gebraucht. Ich fühlte mich ihren Ehefrauen und Partnerinnen überlegen und freute mich darüber, den Frauen zu schaden, von denen ich wusste, dass sie mich verachteten. In den Momenten, in denen mich verheiratete Männer besuchten, was glaube ich hauptsächlich der Fall war, fühlte ich mich all den bürgerlichen Frauen, die meiner Meinung nach nur Teil des Besitzes der reichen Männer waren, überlegen. Denn ich war frei. Ich war meine eigene Herrin und hatte mein eigenes Geld. Und eine honorable Bürgerin zu werden, war kein Angebot, das ich attraktiv oder erstrebenswert fand. Zumindest war es das, was ich dachte.

Doch dieses vermeintliche Glück währte nicht lange, auch wenn es eine Zeitlang schien, als sei ich wunschlos glücklich. Dass ich überhaupt kein „Ich“ hatte, das über mich selbst hätte Herrin sein können, übersah ich vollkommen. Und dass jeder Freier, den ich bediente, das, was von meinem Ich noch übrig war, nur noch weiter in die Unauffindbarkeit drängte, konnte ich schon gar nicht mehr spüren, so abgestumpft war ich. Meine Lebenszeit ließ sich nur noch in Geld messen. Einen weiteren Sinn für mein Leben konnte ich nicht sehen. Weder Wünsche noch Träume waren geblieben.

Deshalb hielt ich es seit meiner Arbeit für die Agentur auch nicht lange aus, *clean* zu leben. Ich lebte weiterhin bei meinen Großeltern und erklärte ihnen, dass ich eine Art Eventbegleitung machen würde. Jeden Tag nahm meine Oma mir alles, was über 500 Euro in meinem Geldbeutel war, ab, um es für meine Erstausstattung einer eigenen Wohnung zu sparen. Fast jeden Tag ging ich shoppen, jeden Tag fuhr ich Taxi, und wenn ich nach München fuhr, um dort zu arbeiten, kam ich mit einem Koffer zurück, der so voll war, dass er einmal sogar auf der Rolltreppe platzte. Für mich war das der Inbegriff von Glück, weil ich echtes Glück nicht mehr kannte. Wenn ich so darüber nachdenke, wüsste ich auch nicht, was mich damals noch glücklich gemacht hätte. Das einzige schöne Erlebnis aus der Zeit nach der abgebrochenen Therapie, an das ich mich noch erinnern kann, war, als ich einmal auf der Couch meiner Großeltern einschlief, vollgepumpt mit Heroin und Lyrica, und meine Oma mir noch warme Milch mit Honig machte, weil sie mich für schlichtweg müde hielt. Dieser Akt der Fürsorge in Kombination mit der Intoxikation machte mich tatsächlich für kurze Zeit glücklich.

Mich durch teure Güter zu bereichern, schien mir das einzige zu sein, das mein Leben irgendwie noch lebenswert machte. Da das aber irgendwie nicht alles sein konnte, nahm ich Kontakt zu einem Arbeitskollegen aus der Zeitarbeit im Lager auf. Er war auf Methadon, weshalb wir uns bei der Arbeit gut verstanden hatten. Weil ich Langeweile und Lust auf menschlichen Kontakt hatte, ging ich Dennis bei seinem Großvater besuchen. Völlig ungeniert setzte er sich vor meinen Augen einen Druck mit Methadon, was mich so unter Suchtdruck versetzte, dass ich es ihm gleichtat. Dann erzählte er mir von Frankfurt und davon, dass die Drogen dort so günstig seien. Die Polizei sei sehr entspannt, man könne öffentlich konsumieren, bekäme überall Stoff, und es gäbe keine Gefahr, dafür rechtlich belangt zu werden. Ich war angefixt und versprach ihm, eine Woche später mit ihm gemeinsam dorthin zu fahren. Auf meinem Konto befanden sich etwa 1.600 Euro, die ich zum freien Konsum zur Verfügung stellen wollte. Schon als wir nach fünf Stunden Zugfahrt das Frankfurter Bahnhofsviertel betraten, kamen uns die ersten Zombies entgegen. Es war beklemmend, weil die Atmosphäre aggressionsgeladen und trostlos war. Dennis hatte nicht übertrieben. Wir kauften einen 5-Gramm-Beutel Heroin und nahmen uns das erstbeste Hotel. Es war wahnsinnig schön, endlich wieder Heroin zu nehmen. Endlich gab es wieder Nervenkitzel in meinem Leben, endlich wieder Erfahrungen, für die es sich zu leben lohnte. Ich dachte mir, dass ich nach der knappen Woche in Frankfurt einfach wieder aufhören würde zu konsumieren. Schließlich war ich ja *clean* und der Entzug sollte nicht umsonst gewesen sein. Aber dauerhaft hielt ich die Leere in mir nicht aus. Und dauerhaft hielt ich es auch nicht aus, nüchtern zu sein, während ich mich als Escort-Lady von mir selbst abspalten musste. Unmöglich, die ganze Zeit aus eigener Kraft funktionieren zu müssen. Wir hatten in Frankfurt einige intensive Tage und konsumierten was das Zeug hielt. Ich dachte, dass ich dann später wieder besser arbeiten könnte. Ich ging direkt vom Zug aus in die Wohnung der Agentur und übernachtete auch dort. Am nächsten Tag bemerkte ich, dass ich wieder körperlich abhängig war. Verärgert rief ich Dennis an und ließ meinem Frust freien Lauf. Fortan fuhren wir wöchentlich nach Frankfurt, um große Mengen Heroin und Kokain zu kaufen. Denn der Rubel rollte, ich verdiente bis zu 20.000 Euro im Monat als Escort-Dame. Jede Woche war ich in einer anderen Stadt, um zu arbeiten, weshalb mein Chef mir sagte, ich sei „das beste Pferd im Stall". Um noch mehr Geld zu machen, warb ich meine Freundinnen an, für dieselbe Agentur zu arbeiten. Pro angeworbener Frau sollte ich 1000 Euro Provision bekommen. Einer gab ich sogar ihren ersten Druck Heroin. „Niederträchtig", wird der eine oder andere Leser nun meinen. Und das möchte ich auch gar nicht verneinen. Jedoch glaube ich, dass zumindest bis zu einem gewissen Grad das Sein das Bewusstsein mitbestimmt. Deshalb möchte ich auch anmerken, dass ich in einer Welt lebte, in der die Moral total obsolet war. Es gab sie einfach nicht. Hätte ich irgendwann Skrupel gehabt, dann wären sie mir hinderlich gewesen, weil ich mich nicht gegen die skrupellosen Menschen in meinem Umfeld hätte behaupten können. Ich *durfte* kein Gewissen haben. Gefühle zeigen hieß Schwäche.

Und Schwäche zeigen hieß Opfer sein. Mein jahrelanger Kontakt mit gewalttätigen Männern hatte bei mir etwas ausgelöst, was man in der Psychologie ein „Täterintrojekt" nennt. Ich hatte mich als Opfer komplett mit Menschen identifiziert, die Täter waren und sogar ihre Denkweise und Gefühle verinnerlicht. In mir herrschte das Bedürfnis, Macht gegen andere auszuüben, um selbst nicht mehr Opfer zu sein. Wenn andere mich für unberechenbar und rücksichtslos hielten, hatte ich zumindest die Hoffnung, dass sie sich nicht trauen würden, mir gegenüber den Respekt zu verlieren. Und wenn ich mir selbst beweisen konnte, dass ich Macht hatte, das Leben anderer Menschen zu beeinflussen und sie für meinen Profit zu benutzen, dann hatte ich das Gefühl, ich hätte endlich einen Weg gefunden, in der Hierarchie der Mächtigen aufzusteigen. Gleichzeitig fühlte ich mich von Gott und der Welt, vom Staat und der Gesellschaft verlassen. Ich hegte den Wunsch, all das Böse, das mir widerfuhr, anderen anzutun. Es bereitete mir fast eine sadistische Freude mitanzusehen, wie ich Unheil in das Leben anderer Menschen brachte. Meine Worte wurden immer doppelzüngiger, jederzeit versuchte ich, zu experimentieren, wie weit ich damit gehen konnte. Wie weit ich Menschen bringen konnte. Was sich alles durch die Macht der Worte tun ließe. Schon lange war mir egal, was Wahrheit und was Lüge war. Denn ich glaubte all meine Lügen ja selbst. Aber mein wahres Selbst war nicht mehr vorhanden. Mein Ich war zersplittert in verschiedene Teile, die miteinander unvereinbar waren. Sie arbeiteten gegeneinander und je nachdem, wer mir gegenüber saß, bekam von mir einen anderen Teil davon zu spüren. Vielen Menschen gegenüber verhielt ich mich sehr destruktiv, aber einzelnen Menschen gegenüber zeigte ich auch ein Übermaß an Liebe.

Meine beste Freundin zum Beispiel war mir extrem wichtig. All die positiven Charakterzüge von mir, die sonst nicht in Erscheinung traten, kamen in ihrer Gegenwart zur Geltung. Sie hatte kein leichtes Leben, war andauernd depressiv und hatte einen Vater, der sie den ganzen Tag fertigmachte. Deshalb wollte ich, dass es ihr in meiner Gegenwart gut ging. Ich liebte sie über alles und wollte ihr alles besorgen, was sie brauchte. Wenn ich Drogen kaufen ging, brachte ich ihr „Gras“ mit, wenn ich shoppen ging, kaufte ich ihr auch etwas ein. Manchmal lud ich sie zum Essen ein, und irgendwann bot ich ihr an, mit mir zusammenzuziehen. Vielleicht ertrug ich es nicht, die ganze Zeit immer nur „kalt“ zu sein, also ohne Drogen auszukommen. Eigentlich war ich immer ein sehr feinfühliger Mensch gewesen, der sich für die Belange anderer einsetzen wollte. Wahrscheinlich benutzte ich deshalb meine beste Freundin dazu und konnte somit wenigstens einem Menschen meine Liebe schenken.

Unsere Freundschaft ging aber immer mehr kaputt, als sie merkte, dass ich wieder auf Heroin war. In unserer Wohnung trieben sich zwielichtige Gestalten herum, und auch mein Freund Dennis suchte Unterschlupf bei mir. Er tauchte bei mir unter, um einem offenen Haftbefehl zu entkommen. Neben meinen üppigen Shoppingausbeuten und Restaurantbesuchen lud ich mit dem Geld, das ich durch die Prostitution verdient hatte, meine Freunde zu exzessiven Drogenpartys ein. Meist konsumierte ich Cocktails aus Heroin und Kokain intravenös, was manchmal ziemlich gefährlich war, weil ich gerne eine Überdosis nahm. Das Kokain machte gierig. Uns alle. So gierig, dass Dennis wissentlich eine mit Hepatitis C verseuchte Nadel zum Fixen benutzte, weil er unbedingt noch mehr nehmen wollte. Auch eine von mir eingeladene Freundin von mir benutzte so eine Nadel. Mich machte das allerdings wirklich wütend. Mitanzusehen, dass Menschen sich selbst dermaßen egal waren, dass sie wie Tiere dahinvegetierten.

Wahrscheinlich regte ich mich so sehr darüber auf, weil die beiden mir durch ihr Verhalten den Spiegel vor die Nase hielten. Gleichzeitig hatte ich noch ein starkes Bedürfnis, mich von anderen Junkies zu unterscheiden und wollte nicht einsehen, dass ich mich genauso abgefuckt verhielt wie die anderen.

Nach ein paar Monaten begann ich wieder mit einer Substitutionstherapie, weil ich nicht mehr einsah, jede Woche 2000 Euro allein für den Konsum von Heroin und Kokain aufwenden zu müssen. Ich arbeitete weiter als Escort-Lady, aber irgendwie machte mein Körper nicht mehr mit. Erst bekam ich eine Nierenbeckenentzündung, die so schmerzhaft war, dass ich vor Schmerz brüllend eines Nachts den Notarzt rufen musste. Nachdem ich diese auskurieren konnte, ging es weiter mit erneuten Schmerzen im Unterleib, die so quälend waren, dass ich zusätzlich zu meiner recht hohen Dosis Polamidon auch noch Methadon kaufte. Tagelang lag ich weinend auf dem Sofa und dachte, dass mein Unterleib abstürbe. Nach etwa zwei Wochen ging ich wieder in die Notaufnahme, wo man nicht erkennen konnte, was mit mir los war. Erst später erkannte meine Frauenärztin, dass ich eine Eierstockentzündung hatte und half mir mit Antibiotika. Irgendwie hatte ich auch gar keine Lust mehr auf die Sex-Arbeit. Die Freier waren nichts Neues oder Spannendes mehr für mich, sondern einfach nur noch anstrengend. Mit jedem Tag kostete es mich mehr Überwindung aufzustehen, mich fertigzumachen und ins Taxi zu steigen. Ständig war ich müde und abgeschlagen und eigentlich wollte ich nichts weiter als zuhause zu liegen und japanische Zeichentrickfilme auf dem Laptop anzusehen. Nichts machte mir Freude, nicht einmal mehr das Geld. Weil ich immer weniger davon brauchte, sagte ich Termine ab und arbeitete auch nicht mehr so viel. Das machte meinen Chef und die Telefonistinnen unzufrieden, und mir wurde immer öfter gedroht, dass ich gar keine Termine mehr bekäme, wenn das so weiterginge. Ich wollte nun auch nicht mehr außerhalb meiner Heimatstadt arbeiten und das Verhältnis spitzte sich zu, bis ich nach vielem Drängen und durch den Druck meiner Vorgesetzten beschloss, die letzten Provisionen einzubehalten und zu kündigen. Das war auch für Dennis eine Erleichterung, der trotz seiner finanziellen Abhängigkeit von meinem „Job" immer weniger damit zurechtkam, dass ich mich prostituierte. Nachvollziehbar, denn ich machte es ihm nicht leicht. Die Beziehung zu ihm führte ich, weil ich nicht allein sein konnte, und das sagte ich ihm auch. Dass ich während seiner Haft nicht auf ihn warten würde, machte ich ihm immer wieder klar und dass ich mit manchen meiner Freier mehr Spaß hatte als mit ihm, erwähnte ich auch manchmal. Der Wahrheitsgehalt dieser Aussage sei dahingestellt, mir ging es einfach nur darum, in der Rolle derjenigen zu bleiben, die emotional unverletzbar blieb. Hauptsache ich konnte mich selbst als die eiserne Lady sehen, die ich sein wollte, Prinzessin Eisenherz, die keinen Schmerz spürte. Austeilen, um nicht einstecken zu müssen. Doch natürlich war Dennis auch kein Engel, und er revanchierte sich für die Schmach, die er durch mich erfuhr, indem er mich beklaute, hinter meinem Rücken Drogen konsumierte und mein Geld verzockte. Damit war nun erst einmal Schluss. Durch den Ausstieg aus dem Escort versiegte auch die Geldquelle.

Einstieg in die Sexindustrie

Da ich ja dennoch eine Lebensgrundlage brauchte, sah ich mich in der Zeitung nach Jobangeboten um. Ins Auge stach mir ein Inserat für „Models (w) 18+“, bei dem ich sofort anrief. Es ging um Aktfotoshootings, für die ich 100 Euro pro Stunde bekommen sollte. Das klang so gut, dass ich es kaum glauben konnte. 100 Euro nur für Fotos. Das war vielversprechend. Nur wenige Tage später kam mein neuer Chef dann zu uns nach Hause und präsentierte sich als junger, dynamischer Geschäftsmann. Bodenständig und leger gekleidet fuhr er im hellblauen Lamborghini vor und mimte den sympathischen Landburschen, der durch Glück zu Geld kam. Schon beim ersten Besuch ließ ich mich von ihm ablichten, trat meine Bildrechte ab und hatte die ersten 100 Euro in der Hand. Ich freute mich diebisch. Von nun an kam mein Chef mehrmals wöchentlich vorbei. Darauf waren Dennis und ich auch angewiesen, weil wir aus der Substitutionsbehandlung geflogen waren und wieder Geld für Heroin brauchten. Nachdem er sich am Telefon einmal mit dem Namen einer „Foto- und Videoproduktion“ gemeldet hatte, fragte ich ihn, ob er Pornoproduzent sei, was er vorsichtig bejahte. Vor meinen Augen eröffnete sich die Vision einer lukrativen Karriere und somit bereitete ich mich mental darauf vor, wieder in die Sexindustrie einzusteigen. Mein Chef wurde nun zu meinem Manager und ich bekam von ihm Camcorder, Laptop, Digitalkamera und eine Webcam von einem Vorschuss bezahlt, damit ich als Webcamgirl und Pornodarstellerin in der Amateurpornobranche, dem sogenannten „Fairtrade“-Porno, fußfassen konnte. Wie ein Ökosiegel wird hier bei diesen Amateur-Videos der Begriff

„Fairtrade“ eingesetzt, aus dem Grund, damit es „authentisch“ aussieht, so als ob sich normale Pärchen beim Geschlechtsverkehr aufnehmen würden, wie sie ihn ganz privat in ihren Schlafzimmern praktizieren. Es wird also suggeriert, dass alles, was sie vor der Kamera tun, genau ihren Vorlieben entspricht und dass sie niemals etwas tun würden, wozu sie nicht übermäßig Lust hätten. Dadurch muss sich der Pornokonsument nicht mit ethischen Fragen auseinandersetzen, die die Herkunft des Porno betreffen, und darf weiterhin an die Illusion einer ungespielten Geilheit in pornographischen Videosequenzen glauben. Nicht Opfer von Menschenhandel, vergewaltigte Frauen oder Frauen in einer ökonomischen Notlage sind die Akteurinnen, die in Videos von Gruppenvergewaltigungen zu Tränen gefoltert werden. Nein, nun gibt es willige Frauen, die die eigene Nachbarin sein könnten, die gar nicht genug davon bekommen können, ihre sexuellen Erlebnisse auf Onlineplattformen zu verkaufen. Dass auch in Amateurpornographie keine authentische Sexualität produziert wird, sondern nur das, was es in anderen Pornos schon zu sehen gibt, semiprofessionell reproduziert und in einem tabuisierten Umfeld auf die Spitze getrieben wird, ist dem von echter Intimität völlig entfremdeten Pornokonsumenten gar nicht mehr bewusst. Warum sich diese Form der Sexualität so sehr von jener unterscheidet, die verliebte Paare miteinander erleben, beantwortet der Konsument sich nicht damit, dass die Sexualität in Pornos nicht authentisch ist, sondern damit, dass die Sexualität aus einer Liebesbeziehung, sofern er je eine hatte, prüde und nicht erfüllend sei.

Seit geraumer Zeit boomt die Amateurindustrie, weil sie die Darstellerinnen zu Stars „zum Anfassen“ machen. Auf den einschlägigen Porno-und Webcam-Portalen kann man für Centbeträge Nachrichten an „echte Amateurinnen“ schicken und darauf hoffen, dass sie sich mit ihrem Fan auf einen „Userdreh“ einlassen oder seine Fantasien in Videomaterial umsetzen. Der Konsument wird plötzlich zum Akteur und zum Regisseur erhoben. Er konsumiert nicht mehr, er interagiert. Die Frauen, die vorher nur eine Illusion hinter einem Bildschirm waren, sind nun Wirklichkeit. Sie nehmen ihn ernst, antworten ihm. Er wird plötzlich wichtig. Das beweist er sich selbst durch das Geld, das er für das Zusehen in ihrer Webcam, ihre Filmchen und für die Nachrichten bezahlt. Für ihn entsteht ein Machtbewusstsein, das darauf basiert, dass er die Darstellerin von sich abhängig vermutet, weil sie auf das Geld, das er und andere User zahlen, angewiesen ist. Dies beweisen Darstellerinnen allzu oft, indem sie ebensolche „Userwünsche“ gegen Entgelt auch erfüllen oder den User durch direkte Ansprache und das Eingehen auf seine Forderungen im Videochat versuchen bei der Stange zu halten.

Während in der Studiopornographie ziemlich klar ist, dass derjenige, der zum Beispiel gerade den Stiefbruder spielt, ein bezahlter Darsteller und nicht wirklich der Stiefbruder der Darstellerin ist, verschwimmen in der Amateurindustrie die Grenzen zwischen Fantasie und Realität. Dadurch, dass die Darstellerin als Privatperson auftritt, wird auch das Dargestellte als Privates aufgefasst, was dem Konsumenten einen Lustgewinn verschafft. Jedoch sind auch die Darstellerinnen der Amateurindustrie selten Frauen, die einfach nur Spaß an dem haben, was sie tun. Häufig haben auch sie tragische Biographien. Und ohne die finanziellen Vorzüge würde wohl kaum eine Frau Pornographie produzieren, weil sie eine seriöse Karriere unmöglich machen kann. Außerdem ist diese Produktion auffindbar und somit rufschädigend. Pornographie ist gefilmte Prostitution. Pornodarstellerinnen sind gefilmte Prostituierte. Ob sie semiprofessionell oder professionell arbeiten, meist tun sie es nicht aus Freude.

Anfangs dachte ich, dass der Job als Camgirl weniger unangenehm sein müsste als der einer Escort-Lady, weil man mit den Kunden nicht in physischen Kontakt tritt. Das stellte sich schnell als Illusion heraus. Dadurch, dass mir kein Mann gegenübersaß, funktionierte mein Dissoziationsmechanismus nicht mehr. Im Escort griff ein durch Trauma bedingter Mechanismus, der mich von meinen Gefühlen und Empfindungen abspaltete und distanzierte, sodass ich funktionierte, ohne den Ekel, den Schmerz und die Scham zu fühlen. Ich war wie ein Roboter, wie eine andere Person. Ja, tatsächlich übernahm eine andere Persönlichkeit mein Handeln, sobald ich einem (potentiellen) Freier begegnete. Vor der Webcam passierte das nicht. Plötzlich merkte ich, dass ich mich schämte, es mir unangenehm war, beobachtet zu werden, wie ich mich nackt auszog und so tat, als mache es mir Spaß, wenn Männer sich daran aufgeilten. Es war absolut widerwärtig, und obwohl mir nichts gegenüberstand als mein Laptop, fühlte ich mich schutzlos und ausgeliefert. Die Männer, mit denen ich chattete, waren vulgär und unverschämt. Es war demütigend, ihre Wünsche erfüllen zu müssen, damit ich sie an meine Webcam binden konnte. Damit ich auch offline Geld verdiente, nahm ich mit Dennis weiterhin Fotosets und Videoclips auf. Hierbei waren Obszönität, Provokation und Originalität gefragt, was mir in der Theorie sogar tatsächlich ein bisschen Freude bereitete. Denn kreativ war ich schon immer. Jedoch war die Umsetzung so unglaublich peinlich und beschämend, manche Aktionen illegal und die Rolle, die ich spielen musste, höchst unangenehm. Von Anfang an kotzte es mich an, und ich verrohte immer weiter. Was mir eingangs noch ekelhaft und pervers zu sein schien, wurde irgendwann Normalität. Ich sehnte mich nach der Zeit als Escort zurück, zumal es dort mehr Trennung zwischen privatem Raum und Arbeit gab und die Arbeit, die man verrichtete, besser vergütet wurde. Während ich im Escort-Service zwischen 10 und 20.000 Euro im Monat verdiente, bekam ich nun monatlich nur noch circa 5.000 Euro. Für mich lohnte sich das nicht, aber Dennis machte mir Druck. Er meinte, es ginge gar nicht, wieder zurück zum Escort zu gehen. Also machte ich weiter, ließ aber immer häufiger meinen Frust an ihm raus. Wenn es mir zuhause zu schmutzig war, rastete ich komplett aus. Auch wenn mir irgendetwas nicht passte. Ich warf mit Gegenständen um mich und einmal sogar einen Kristallaschenbecher an seinen Kopf. Mein Leben und alles um mich herum machte mich einfach so unglaublich wütend. Und am allerschlimmsten war, dass ich ständig Dinge tat, die ich eigentlich gar nicht wollte und jemand, den ich für faul hielt, auch noch von meinem Geld abhängig war. Mein Groll wurde so stark, dass ich Dennis dazu zwang, sich täglich eine Stunde vor die Webcam zu setzen und in Frauenunterwäsche homosexuelle Praktiken auszuführen. Grund dafür war das tiefe Bedürfnis, ihm zu zeigen, wie es sich anfühlte, das Geld, das er ausgab, zu verdienen. Die Demütigung, die Scham und der Ekel, die das Business in mir erzeugten, sollte er am eigenen Leibe erfahren. Es war jedoch eine gegenseitige Abhängigkeit, die uns dennoch zusammenhielt, denn allein zu sein konnte ich mir genauso wenig vorstellen, weshalb ich dann eben doch lieber „zahlte“. In meiner Welt war es eben schon zur Normalität geworden, für Zuneigung zu bezahlen oder bezahlt zu bekommen. Unvorstellbar, dass jemand einfach nur wegen meiner Persönlichkeit Zeit mit mir verbringen würde. Dies zeichnete sich auch immer mehr am Verhalten meiner besten Freundin ab, die zwar bei mir lebte, mir aber weitestgehend aus dem Weg ging. Sie hatte die Freundschaft zu mir komplett abgebrochen, was mich sehr kränkte. Ich bat sie deshalb darum, ihren Anteil an unserer Stromrechnung selbst zu bezahlen. Das sah sie nicht ein, womit sie mich zur Weißglut trieb. Wir begannen zu streiten. Das Ganze kulminierte darin, dass sie einen meiner alten Freunde, der mich einmal umbringen wollte, zu uns nachhause brachte, während ich nackt vor der Webcam saß. Nach dieser Aktion verprügelte ich sie heftig. Daraufhin zeigte sie mich bei der Polizei an und verließ die Wohnung.

Meine Wutanfälle nahmen überhand, weswegen ich mir in der neu begonnenen Substitutionsbehandlung auch einen stimmungsstabilisierenden Serotonin-Noradrenalin-Wiederaufnahmehemmer als Antidepressivum verschreiben ließ, welcher mir auch tatsächlich ein wenig half. Was mir auch sehr half, war ein Hundewelpe, den ich mir zwischenzeitlich bei einem Züchter geholt hatte. Er bereicherte mein Leben sehr, und ich liebte ihn wie ein eigenes Kind. Da ich sowieso von zuhause aus arbeitete, hatte ich viel Zeit, mit ihm zu kuscheln, ihn stubenrein zu bekommen, ihn zu verwöhnen und ihm Kommandos beizubringen. Noch heute lebt er bei mir und ich liebe ihn sehr. Häufig vorkommende Suizidgedanken konnte ich beiseiteschieben, wenn ich daran dachte, dass dieser kleine Knirps sonst ohne mich bleiben müsste. Das gab mir Kraft.

Verwickelt ins kriminelle Drogengeschäft

Kurz vor meinem 19. Geburtstag nahm meine Pornokarriere dann ein abruptes Ende, nachdem ich aufgrund versprochener Provisionen auch einige weitere Frauen in die Industrie eingeführt hatte. Und das nicht, weil ich nicht genug Erfolg hatte, denn auf der Rangliste der bekanntesten deutschen Amateurpornoseite rangierte ich immer zwischen Rang 5 und 20, obwohl ich mir nicht sonderlich Mühe gab. Auf anderen Seiten kletterte ich sogar auf Platz eins und zwei. Nein, ich hörte auf, weil Dennis nun nach seiner langen Flucht vor der Polizei verhaftet wurde. Noch vor seiner Verhaftung verliebte ich mich in einen 30 Jahre älteren, grobschlächtigen Hünen, der bei demselben Arzt wie ich eine Substitutionstherapie machte. Das versuchte ich auch gar nicht Dennis gegenüber zu verheimlichen und flirtete ihn öffentlich an. Am Tag von Dennis' Verhaftung waren wir gerade in einem fremden Treppenhaus in der Stadtmitte am Rumknutschen.

Ein schlechtes Gewissen hatte ich nicht, und die öffentliche Ächtung, als wir gleich am nächsten Tag unsere Beziehung bekanntgaben, war mir egal. Für mich bedeutete Dennis' Verhaftung eigentlich nur, keinen weiteren Mitesser mehr zu haben, frei zu sein und mich wieder prostituieren zu können. Dass ich ihn nicht liebte und nicht auf ihn warten würde, hatte ich ihm ja bereits von Anfang an gesagt. Und als ich herausfand, dass er mich ständig beklaut hatte, um seine Freunde auf den Drogenkonsum einzuladen und in die Spielothek zu gehen, wurde ich nur weiter darin bestärkt, kein schlechtes Gewissen haben zu müssen.

Mit meinem neuen Freund hatte ich eine intensive Zeit. Wir fanden uns sehr anziehend, auch wenn wir nicht viel gemeinsam hatten. Unser Körperkontakt beschränkte sich auf Sex, für Zärtlichkeiten war er nicht zu haben. Mein Bestreben, wieder in die Prostitution einzusteigen, unterstützte er weitgehend. Nicht, weil er Geld wollte, denn das hatte er nach einem Immobilienverkauf in der Türkei selbst, sondern viel eher aus Prestigegründen. Für ihn war es eine Bestätigung seiner Männlichkeit, eine 30 Jahre jüngere, schöne Freundin zu haben, die auch von anderen Männern begehrt wurde. So versteigerte ich meinen Körper im Internet und verlangte horrende Preise. Inzwischen hatte ich gelernt, wie ich mich am besten selbst vermarktete. Weil es mir aber zu anstrengend war, ständig mit dreisten Kunden zu diskutieren, sehnte ich mich danach, dass jemand diese Aufgabe übernehmen würde. Denn Anfragen wie die, dass ich jemanden für 70.000 Euro drei Monate lang einsperren und ihn mit Kot füttern sollte, bis er starb, überforderten mich. Nachdem ich beim Gassigehen eine junge Frau aus einem Laufhaus in der Nähe kennenlernte, die mir die Arbeit dort schmackhaft machte, fing ich im Laufhaus an. Es klang verlockend, dass man einen sehr distanzierten Umgang mit den Freiern pflegte und für jedes bisschen Aufgabe der Distanz extra Geld verlangen konnte. Statt über Provision wurde über Tagesmiete abgerechnet und ich hatte ein ganzes Appartement für mich. In der Küche bunkerte ich Waffen zur Selbstverteidigung und feierte wilde Partys. Mein erster Freier zog mich total ab und es endete damit, dass er vor dem Koitus das Kondom abzog und rausging, ohne zu bezahlen. Rasend vor Wut nahm ich ihm seine Papiere ab und forderte ihn auf, die Bezahlung sofort zu tätigen. Als er mit viel zu wenig Geld ankam, ging ich mit meinem Freund zusammen auf ihn los, um ihm das Geld abzunehmen. Daraufhin zeigte er uns an. Einige Tage arbeitete ich noch in diesem Haus, aber ertrug es kaum. Manche Freier waren dermaßen übergriffig und aggressiv, dass ich mich konstant betrank und zukokste. Auch mein Freund merkte, dass das keinen Sinn machte. Außerdem passte ihm irgendwas an unserer Beziehung nicht und nach einem großen Streit, bei dem ich mir aus Frust die Arme aufschnitt, trennten wir uns.

Ich flüchtete mich in die Arme eines alten Bekannten, Alexander, der nur wenige Jahre älter als ich war und lange Zeit im Knast gesessen hatte. Ihm tat es weh, dass ich so tief in die Sexindustrie verstrickt war und er versprach, mich herauszuholen. Außerdem war es ihm unangenehm, dass ich mit so vielen schwer beschädigten Menschen Kontakt hatte, die denselben Substitutionsarzt besuchten wie ich, was mich dazu veranlasste, einen kalten Entzug zu versuchen.

Unser täglich Brot wollte er durch den Handel mit Drogen verdienen, weshalb ich ihm Geld lieh. Er sollte es mir eigentlich zurückzahlen, aber daraus wurde nichts, weil er selbst sein bester Kunde war und sich während meiner ersten drei Tage, die ich zumindest vom Subutex abstinent war, mit Amphetaminen und Extasy zudröhnte. Ich war sehr enttäuscht von ihm und hatte wirklich fest vor, aus der Prostitution auszusteigen. Also forderte ich ihn auf, zusammen mit mir nach Frankfurt zu fahren, wo ich von meinem letzten Geld Heroin und Kokain kaufen wollte. Ich dachte mir, dass wir vom Verkauf der Drogen in Zukunft gut leben könnten. Widerwillig stimmte er zu und so fuhren wir los. Unser Plan, vom Drogenhandel zu leben, wurde allerdings dadurch zunichte gemacht, dass wir schon in der ersten Nacht in Frankfurt die gesamten fünf Gramm Kokain konsumierten und ich mir dann in einem heftigen Wutanfall versuchte, mit fünf Gramm Heroin eine tödliche Überdosis zu verpassen. Er war in Panik und versuchte den ganzen nächsten Tag, mich durch regelmäßige Ohrfeigen am Leben zu erhalten und durch Brustmassagen ans Atmen zu erinnern.

In der nächsten Nacht kam eine Freundin von mir zu uns nach Frankfurt, mit der wir feiern wollten, doch aus unerfindlichen Gründen wollte ich mir schon wieder eine Überdosis verpassen. Ich nahm wieder fünf Gramm Heroin, eine Dosis, die normalerweise wirklich letal ist, und spritzte einen Bruchteil davon meiner Freundin, damit sie es nicht mitbekäme. Direkt im Anschluss nahm ich den Großteil des aufgekochten Heroins intravenös in mich auf, in der Hoffnung, dass es nun endlich vorbei sei mit diesem Leben, das ich so sehr hasste. Letztlich lief es so, dass meine Freundin die Überdosis abbekommen hatte, weil ihre Herointoleranz wesentlich geringer war als die meine. Wir brachten die ganze Nacht damit zu, sie wieder aufzuwecken. Ich hatte wirklich panische Angst, meine Freundin getötet zu haben, riss sie vom Klodeckel und zerrte sie an den Haaren in die Hoteldusche, wo ich sie mit eiskaltem Wasser abspritzte und sie abwatschte, was das Zeug hielt. Als sie wieder zu sich kam, waren wir erleichtert. Bis auf die Tatsache, dass nun die Geldbörse leer war und meine Suizidversuche nichts als eine reine Geldverschwendung. Natürlich dachte ich oft daran, mich einfach wieder zu prostituieren, aber Alexander gab mir das Gefühl, dass es ihm wichtig sei, mich vor der Prostitution zu beschützen und ich willigte ein, lieber alles andere zu versuchen, als mich zu verkaufen.

So kam es dazu, dass wir alle möglichen kleinkriminellen Geschäfte abwickelten, um das Geld für den Drogen-Konsum aufzutreiben. Ich machte Schulden, was das Zeug hielt, weil ich Elektroartikel auf Rechnung kaufte und sie weiterverkaufte, oder Handyverträge machte, um die Handys zu verkaufen. Alle paar Tage fuhren wir schwarz nach Frankfurt und wieder zurück, bis wir eines Tages, kurz vor Silvester, mit knapp fünf Gramm Heroin und einer Gaswaffe von der Kripo auf der Zugfahrt nachhause erwischt wurden. Weil ich verhindern wollte, dass man Alexander verhaftete, übernahm ich die volle Verantwortung für den Stoff. Jedoch wusste ich, dass sich auch bald für mich rechtliche Konsequenzen ergeben würden. Die Polizei entließ uns so spät am Abend, dass wir weder in die eine noch in die andere Richtung fahren konnten, weshalb wir im Eingangsbereich einer Sparda-Bank-Filiale übernachteten. Auf dem Zuggleise im Bahnhof hatte ich noch in Kaugummipapier eingewickeltes Crack entdeckt. Ich nahm es während der Verhaftung in einem unbeobachteten Moment aus meinem BH, um nicht damit auch noch belangt zu werden. Am Abend nahmen wir zwei tiefe Züge und hofften, somit ungestört schlafen zu können. Wir wollten am nächsten Tag gleich wieder nach Frankfurt fahren.

In Frankfurt angekommen merkte ich, wie schrecklich entzügig ich war. Ich hatte Fieber, zitterte und fror, während sich auf meiner Haut Schweißperlen und eine Gänsehaut bildeten. Mir war speiübel und meine Glieder schmerzten, als würde jemand versuchen, sie mir auszureißen. Immer wieder würgte ich trocken und kippte nach vorne über.

Die Mission lautete, mit Ein-Euro-Handyverträgen Geld für Heroin aufzutreiben. Weil auf meinem Konto nicht einmal mehr ein Euro war, den wir gebraucht hätten, um eine Anzahlung zu leisten, ging ich hinaus in die Fußgängerzone, um Geld zu schnorren. Es war schrecklich. Für mich war es absolut ungewohnt, solchen Junkie-Aktivitäten nachzugehen, weil ich durch die Prostitution immer genug Geld hatte. Ich fühlte mich wie Abschaum. Bis auf mein hübsches Äußeres war ich nicht mehr zu unterscheiden von den Junkies, die mit mir in der Fixerstube waren. Denn noch immer rannte ich mit meinem Leopardenpelzmantel und in Markenkleidung herum. Es war absurd. Zurück in meiner Heimatstadt, nachdem ich Silvester wegen Geldmangels in der B-Ebene des Frankfurter Hauptbahnhofs geschlafen hatte, entschloss ich mich, noch einen Entzug zu versuchen.

Nur zwölf Stunden nach dem letzten Druck rief ich den Notarzt, weil es mir so schlecht ging. Ich war wahnsinnig hoch dosiert, weshalb ich schrecklich litt. Alexander blieb bei mir zuhause, um auf meinen Hund aufzupassen. Man überwies mich an das Bezirkskrankenhaus auf eine Entgiftungsstation, wo man entsetzt darüber war, wie hoch meine Werte waren und auch darüber, dass mein Heroin offenbar mit Fentanyl und Benzodiazapinen versetzt war. Dass ich nur eine Woche bleiben wollte, hielt man für utopisch. Auf der Station knüpfte ich wieder neue Kontakte und vermittelte schon die nächsten Heroindeals. Als Alexander verhaftet wurde und ich mich um meinen Hund kümmern musste, ließ ich mich gegen den Rat der Ärzte entlassen.

Zwei Tage später brach ein Bekannter aus der Entgiftung seine Behandlung ab, und wir fuhren zusammen nach Frankfurt, nachdem ich seiner Mutter ein unbezahltes Tablet verkauft hatte.

Ich stürzte mich in die nächste Affäre, die ich aber rasch beendete, weil der Mann schwer psychotisch war. Im Frankfurter Bahnhofsviertel quatschte ich dann die Frauen, die vor den Animierbars standen, an, um zu fragen, was das für ein Job war, den sie da machten. Mich wunderte nämlich, dass ich den ganzen Winter über dort vollständig bekleidete Frauen beobachten konnte, die zwar Männer in die Bars lockten, aber nicht so wirkten, als zögen sie sich für sie aus oder hätten sonstigen Körperkontakt mit den Männern. Eine der Frauen, mit denen ich mich unterhielt, rief schnell ihren Chef herbei. Er versicherte mir, dass die Frauen keine Körperlichkeiten mit Männern austauschten, sondern einfach nur mit ihnen Alkohol tranken und dafür prozentual am wuchernd teuren Getränkepreis mitverdienten.

Für mich klang das nach einer neuen Perspektive. Endlich hatten die kleinkriminellen Machenschaften, die Betrügereien und Handyverträge ein Ende. Ich hatte wieder einen Job. Auf meine Heimatstadt hatte ich keine Lust mehr, weil ich dort wegen der strengen Drogengesetze sowieso bald verhaftet werden würde. Also fuhr ich nur noch nachhause, um meinen Umzug zu organisieren. Meinen Hund gab ich für ein paar Wochen zu einem Bekannten, meine Möbel vermachte ich einem Exfreund, der mir noch 600 Euro für Kokain schuldete und sagte ihm, dass er alle Möbel verkaufen dürfe. Er sollte nur dafür sorgen, dass meine persönlichen Sachen eingelagert und meine Wohnung gekündigt werde. Nun packte ich meinen Koffer und fuhr los in neue Abenteuer.

Das Leben in meiner Heimatstadt, die ich mitsamt ihrer Einwohner so sehr hasste, hatte endlich ein Ende. Mein neuer Chef in Frankfurt versprach mir, dass er mir die ersten Tage jeweils

50 Euro am Tag geben würde, sollte ich sonst nichts verdienen. Jedoch hatte ich schon am ersten Abend mehr als 150 Euro. Fünf Tage schlief ich im Hotel, bis ich ein Zimmer in der Straße der Bar bekam, für das mir mein Chef die ersten zwei Monatsmieten vorstreckte. Weil alle im Viertel so nett zu mir waren, fühlte ich mich, als läge mir die Welt zu Füßen. Die Portiers waren freundlich und machten mir Komplimente. Die Wirtschafter vom Laufhaus gegenüber rissen lustige Sprüche. Irgendwelche Kleinkriminellen kamen vorbei, wollten wissen, wer ich war. Die Crackdealer brachten mir Getränke, Kaugummis und Nüsse vorbei. Jeder war nett und behandelte mich, als wäre ich eine Prinzessin. Meine Kolleginnen waren teilweise neidisch und denunzierten mich für meine Kontakte zu anderen Junkies. Einen von ihnen ließ ich für ein paar Wochen bei mir wohnen, weil es mir weiterhin schwerfiel, allein zu sein. Außerdem war es mir zu anstrengend, mich selbst um Drogen zu kümmern. Alle dachten, ich hätte viel Geld und versuchten deshalb, mich auszubeuten. Als der gerade frisch aus dem Knast entlassene junge Mann sich aber immer mehr gehen ließ und sich nicht mehr duschte, warf ich ihn raus. An seiner Stelle ließ ich Tyra, eine prostituierte Transfrau, bei mir schlafen. Wir teilten das Bett, womit ich nicht meine, dass wir miteinander schliefen. Aber die Einsamkeit in mir war so schwer zu ertragen, dass ich mich nach körperlicher Zuneigung verzehrte, egal von wem. Tyra war warmherzig und lustig. Wir lachten und sprachen über unsere Traumata. Es war eine gute Zeit. In der Bar verdiente ich nicht schlecht und die Arbeit machte mir Spaß.

Nach etwa einem Monat trat ich jedoch wieder eine Substitutionsbehandlung an, weil mich meine Sucht zu viel Geld kostete. Das Bahnhofsviertel gab mir das Gefühl, endlich angekommen zu sein. Meine Parallelwelt hieß mich willkommen und gab mir das Gefühl, ganz normal zu sein. Die Menschen um mich herum hatten sich so wie ich auch nicht an die bürgerlichen Vorstellungen angepasst. Kriminalität, Sucht und Prostitution waren nichts Ungewöhnliches für sie. Außerdem bekam ich viel Anerkennung für mein Äußeres. Also fühlte ich mich im Reinen mit mir selbst. Das einzige Problem war, dass die Prostitution örtlich so nah und meine emotionale Nähe zu ihr noch immer sehr stark war. Dadurch, dass ich mich schon länger nicht mehr prostituierte, fing die Mauer zwischen mir und meinen Gefühlen an zu bröckeln. Sie zerfiel und ich begann, mich wieder zu spüren. Die Gefühle versuchte ich erst durch Drogen-Konsum zum Schweigen zu bringen, jedoch merkte ich auch, wie der Prostitutionsdruck in mir stärker wurde. Ich wusste ganz genau, dass die Barriere zwischen mir und meinen Emotionen wieder erstarken würde, sobald ich einen Freier bediente. Und so kam es dann auch.

Hell's Angels – meine „Schwestern und Brüder" im Laufhaus

Da viele Männer im Viertel mir nachstellten, war es nicht verwunderlich, dass mich wiedermal jemand ansprach, nachdem ich aus der Fixerstube kam. Während ich nun längere Zeit alle Angebote abgewehrt hatte, ging ich mit diesem Crackdealer dann doch nachhause, obwohl es sich finanziell gar nicht lohnte. Doch das Bedürfnis nach Abspaltung von mir selbst und von der Leere und dem Schmerz in mir war so stark, dass ich nicht nein sagen konnte.

Nachdem ich nun auch meinen Hund nach Frankfurt geholt hatte, traf ich wenige Wochen später eine Frau aus einem der Laufhäuser beim Gassigehen in den Taunusanlagen. Wir tauschten uns über unsere Arbeitsplätze aus. Sie machte meinen ziemlich herunter, während sie davon schwärmte, dass sie allein letzten Freitag über 2.000 Euro eingenommen hatte. Natürlich wurde ich hellhörig und fragte sie nach den Konditionen, nach der Zimmermiete, was sie anbot und wie sie arbeitete. So kam es, dass sie mich am Tag darauf mit in ihr Zimmer nahm, das gleich im ersten Stock eines der alteingesessenen Häuser war. Außerdem stellte sie mich den Wirtschaftern des Laufhauses vor, ein paar Jungs, die Mitglieder bei den *Hell's Angels* waren. Auch ihr Freund, der in einem anderen Laufhaus arbeitete, war ein *Hell's Angel* und den Erzählungen der anderen zufolge ziemlich verrückt. Als sie mich ihm und allen möglichen anderen Menschen vorstellte, versprach sie mir Zugehörigkeit und Schutz dieses exklusiven Clubs. Selbst die Polizei sei auf ihrer Seite und es sei möglich, unglaublich viel Geld zu verdienen. All dies klang wahnsinnig attraktiv, zumal ich Kriminalität, schnelles Geld und das Leben zwischen rotem und blauem Licht schon immer romantisierte. Meinen ersten Versuch eines Wiedereinstiegs in die Prostitution machte ich im Laufhaus ihres Freundes in einer 12-Stunden-Schicht, die ich tagsüber ansetzte, um abends in der Animierbar arbeiten zu können. Es war widerlich, weil zu mir Männer mit sehr schrägen Vorstellungen von Sexualität kamen, aber ich erinnere mich nur noch an einen Bruchteil. Am folgenden Tag bekam ich ein Zimmer im zweiten Stock des Hauses, in dem auch sie arbeitete. Noch beim Einräumen hielt mich der erste Freier an, ein Franzose, der gleich eine Stunde blieb und gut bezahlte. Meine Kollegin zwang ihn, ihr Koks zu bezahlen, sonst würde sie nicht gehen. Durch sie lernte ich, wie man in dieser Szene dreist sein musste, mit dieser Dreistigkeit auch siegte und viel Geld verdiente. In der ersten Nacht verdiente ich 1.500 Euro, in der zweiten Nacht noch einmal genauso viel. Die Freier waren völlig anders als alles, was ich kannte. Vom Gras verkaufenden Jugendlichen bis zum alten, perversen Pornokonsumenten über den Geschäftsmann oder den Vorstadthippie, der beim Sex gern das Licht löschen wollte, war alles dabei. Weil ich so stark dissoziiert war, erinnere ich mich nicht mehr an allzu viel. Was ich aber weiß, ist, dass ich wieder am Haken war. Die Prostitution hatte mich wieder, ich war angefixt.

Das Geld, die neuen Erfahrungen, das Adrenalin, das rote Licht, das mir Wärme gab und der große Betonbunker, der mir Sicherheit gab. Auch heute noch kann ich sagen, dass es kaum einen Ort gab, an dem ich mich jemals so beschützt gefühlt habe. Die Wände waren dick und es drangen weder Laute noch Licht von draußen herein. Im Fernsehen gab es nur Pornosender, weder Privatfernsehen noch das öffentlich rechtliche waren zu empfangen. Für den Fall, dass Freier ausfällig wurden, gab es die Möglichkeit des „Protestalarms", bei dem dann ein oder zwei der *Hell's Angels* vom Büro nach oben kamen und als Rausschmeißer fungierten. Dafür zahlte man zwar pro Person 10 Euro Protestgebühr, aber man konnte sich eines bedingungslosen Schutzes sicher sein, auch wenn man nicht im Recht war. Das Licht, das mein Zimmer erhellte, bestand aus roten Lichterketten und Schwarzlicht, das meinen Körper wie eine Illusion scheinen ließ und sowohl Kleidung, Haare, als auch Zähne so beleuchtete, dass ich völlig surreal wirkte. Ich hing brennende Opiumräucherstäbchen auf und dekorierte mein Bett mit flauschigen Decken und Kissen in Tiermustern. Alles war so phantastisch, nicht real, eine Parallelwelt, die mich völlig in sich gefangen nahm.

Mich zu verkleiden und neue Rollen anzunehmen machte mir schon immer Spaß, weshalb ich es liebte, den halben Tag aufgehübscht, in fluoreszierenden Bikinis, gemischt mit Boudoir-Elementen in meterhohen Plateau-Pantoletten an meiner Zimmertür zu stehen und mich über die Idioten, die zu mir kamen, lustig zu machen. Eine meiner Einnahmequellen war, mich von Touristen aus aller Welt fotografieren zu lassen. All die Frauen um mich herum, die alle ziemlich ähnliche Hintergründe und Probleme wie ich hatten, gaben mir das Gefühl, nichts Außergewöhnliches zu sein. Hingegen hatte ich mich in meiner Heimatstadt so oft als Außenseiter gefühlt. Hier durfte ich einfach so sein, wie ich wollte, ohne dass ich mich großartig an die Rahmenbedingungen anpassen musste. Mein Gefühl sagte mir, dass nicht das Rotlicht in mich hineingesickert war, also nicht ich mich an das Rotlicht anpassen musste, sondern es war schon immer ein Bestandteil meiner Persönlichkeit und konnte sich nun endlich auch im Äußeren manifestieren. Ein Lebensraum, der wie auf mich zugeschnitten schien. Ich musste mich nur an die Freier anpassen, aber nicht mehr in einem Ausmaß der Selbstaufgabe, weil die meisten nicht so lange blieben und die Verhältnisse auch wesentlich ehrlicher geregelt waren als im Escort. Man wusste, dass es hier nicht um Authentizität und echte Lust ging, dementsprechend musste ich hier keinen belügen. Meine einzige Aufgabe war es, meine Rolle zu spielen und zu versuchen, mehr Geld herauszuschlagen, als abgemacht war. Von den Rollen, die die Gesellschaft mir „draußen" auferlegt hatte, war ich jedoch befreit. Als Ausgestoßene, Abgesonderte fühlte ich mich frei. Die Welt, in der ich mich befand, war wie eine Familie für mich geworden. Die Frauen um mich herum waren meine Schwestern, die Dealer meine Brüder und die Wirtschafter meine Väter.

Heute finde ich das absurd, aber damals fühlte ich mich dort tatsächlich zuhause. Es dauerte jedoch nicht lange, und ich verließ das Laufhaus wieder. Meine Kollegin, die mich angeworben hatte, fing nämlich an, 50 Euro am Tag zu verlangen, nur dafür, dass sie mir einige Tricks beibrachte. Ich musste ihr das Geld zusätzlich zu meiner Tagesmiete von 140 Euro bezahlen. Das sah ich nicht ein. Daraufhin informierte sie erst ihren Freund, der mich mit hausinternen Drogenrazzien quälte. Als das keinen Erfolg brachte, steckte sie sich mein Geld ein, das ich mit einem von ihr vermittelten Freier machte. Als dann ein junges Mädchen aus dem Zimmer gegenüber herumerzählte, ich hätte ihr Kokain gegeben und mir auch vor ihren Augen Kokain gespritzt, warf mich ihr Freund um vier Uhr nachts aus dem Laufhaus. In der Zwischenzeit hatte ich auch mein Zimmer in der WG verloren, weil ich die Miete nicht rechtzeitig bezahlt hatte. Nun quartierte ich mich also vorerst bei einer Freundin aus der Animierbar ein und arbeitete auch wieder dort. Und genau dann geschah das Unerwartete. Ich verliebte mich.

Ein „feiner Kerl“

Es war ein warmer Abend im April und ich stand vor der Bar, um zu arbeiten. Wie immer hielt ich Ausschau nach Junkies, die ich kannte, denen ich Geld mitgab, damit sie mir Heroin besorgten. Sie hatten es auch schon direkt zum intravenösen Konsum vorbereitet, sodass ich es mir in der Toilette spritzen konnte. Dann kam mir ein Marokkaner aus meiner Substitutionspraxis mit seinem Freund entgegen, und ich quatschte sie an, weil ich wusste, dass der mir bekannte Mitpatient aus der Substitutionspraxis Heroin verkaufte. Er willigte ein, sein Freund jedoch wollte mir kein Heroin verkaufen. Dieser Freund unterstütze nicht meinen intravenösen Konsum. Er meinte, ich könnte ihnen zwar gern Pulver abkaufen, in eine Spritze aufziehen würden sie es jedoch nicht. Der junge Mann hatte ein abgeschlagenes, gleichgültiges, aber dennoch markantes und attraktives Gesicht. Sein Auftreten wirkte wie ein selbstbewusstes Understatement, das neugierig machte auf das, was in ihm steckte. Die Bewegungen und seine Körperhaltung schienen sehr selbstbewusst. Auf meine Manipulationsversuche und meine Koketterie ging er nicht ein und blieb bei einem konsequenten Nein. Das machte ihn für mich interessant, weil ich es gewohnt war, dass Männer mir alles gaben, was ich wollte, wenn sie sich etwas davon versprachen. Wie bereits beschrieben war das halbe Viertel hinter mir her. Er gab vor, es nicht zu sein, und das imponierte mir. Wenige Tage später erspähte ich ihn erneut am Bahnhofsvorplatz, wie er sich Rivotril kaufte. Ich ging zu ihm und versuchte, ihn anzuflirten. Diesmal war er freundlich, aber dennoch reserviert, gegen Ende unserer kurzen Unterhaltung gab er mir jedoch einen Zettel mit seiner Adresse, damit ich mich melden könne, wenn etwas sei. Wieder ein paar Tage darauf kaufte ich zehn Dosen Bier und machte mich auf den Weg zu der Wohnung, in der er mit seinem Kumpel wohnte. Wir lagen zusammen auf der Couch, tranken und nahmen Diazepam. Ich fühlte mich geborgen und in Watte gepackt. Denn Dejan war wirklich anständig. Er fasste mich nicht an und machte keine Anstalten, Sex von mir zu wollen. Was ich erzählte, hörte er sich an, und ein bisschen erzählte er auch von sich. Am nächsten Morgen aufzustehen fiel unglaublich schwer, aber es musste sein, weil er zu seinem Job als Autolackierer musste. Ich ging zu meiner Freundin aus der Bar zurück und fing plötzlich an, heftig zu erbrechen. Drei Tage verbrachte ich schlafend und kotzend im Bett und konnte mich kaum rühren. Mein Hund machte in die Wohnung, aber meine Freundin wurde nur wütend, statt mit ihm rauszugehen. Wenn ich konnte, ging ich selbst, aber es ging mir wirklich sehr schlecht an diesem Tag. Sobald ich wieder fit war, traf ich Dejan zu einem Spaziergang am Main. Das endete damit, dass ich wieder bei ihm übernachtete. Drei Tage lang schlief ich bei ihm. Obwohl ich mich in der Hoffnung, dass etwas passieren würde, in Unterwäsche neben ihm räkelte, fasste er mich nicht unsittlich an. Wir kuschelten und schliefen Arm in Arm miteinander ein, ich weinte wegen meines Exfreunds Jens und er tröstete mich. Ich war so schrecklich verliebt und dachte, dass Dejan ein feiner Kerl mit echtem Interesse an mir wäre. Meine Freundin warf mich aus ihrer Wohnung, weil sie eine andere Freundin bei sich einziehen lassen wollte. Also zog ich zu Dejan und Mahmut, die sich zusammen die Wohnung teilten. Da der Konsum von Heroin in der Wohnung verboten war, rauchten wir Crack, von dem die erste Woche reichlich da war. Dann kündigte Dejan aus unerklärlichen Gründen seinen Job, weshalb wir plötzlich ohne Stoff dastanden. Für mich war sofort klar, dass ich wieder als Escort arbeiten würde. Denn Crack machte so unglaublich süchtig. Schon von Kokain war ich sehr abhängig gewesen, und ich empfand diese Abhängigkeit auch immer schon als schwerwiegender als die von Heroin, weil viel öfter nachgelegt werden musste. Crack war mit Natron zu rauchbaren Steinen gekochtes Kokain. Es kickte noch stärker als Kokain und verlor sehr schnell seine Wirkung, was das Craving umso heftiger machte. Fängt man einmal an, nimmt es kein Ende mehr. Alle 15 Minuten musste ein neuer Zug geraucht werden, und das war teuer.

Dejan störte es nicht, dass ich wieder als Escort-Lady arbeiten wollte und Mahmut freute sich sogar darüber. Er versprach, dass die beiden auf mich aufpassen würden und betonte immer wieder, welch großen Respekt er vor diesen Damen hätte. Also bewarb ich mich bei einer Agentur, bei der auch *Hell's Angels* arbeiteten und blieb sofort dort. Die Preise waren nicht so hoch wie in meiner Heimat, weil das Angebot viel größer war, aber dennoch war einiges rauszuholen. Diesmal hatte ich auch Chauffeure, die mich von Zuhause abholten und zu den Freiern fuhren. Frankfurts Freier waren auch beim Escort anders. Nicht nur die Oberschicht leistete sich hier Escort-Damen, auch Kriminelle und Handwerker taten das. Wegen meines exzessiven Crackkonsums hatte ich schreckliche Angst vor den Männern und musste viele Benzos zu mir nehmen, um mich irgendwie beruhigen zu können. Das führte dazu, dass ich erst recht manchmal die Kontrolle über Situationen verlor. Es kam nicht selten vor, dass ich bei Stammfreiern, bei denen ich schon mehrmals zuhause war, völlig vergaß, dass ich sie schon einmal getroffen hatte. Die vielen Drogen ließen mich vergessen und das war von mir so erwünscht. Viele Freier waren extrem übergriffig und versuchten ständig, meine Grenzen zu übertreten. Mehrmals hatte ich Todesangst, weil Waffen in Reichweite waren, ich festgehalten oder fast eingesperrt wurde. Der Chauffeur, der draußen auf mich wartete, konnte mir da auch nicht weiterhelfen, weil das Handy, mit dem ich ihn hätte erreichen können, nicht auf dem Bett, sondern in meiner Handtasche lag. Es machte mich fertig. Schnell fing ich wieder an, dreist zu arbeiten, erst einmal eine halbe Stunde in der Dusche zu verbringen und dann noch einen 20-minütigen Redeschwall loszulassen, damit so wenig Körperkontakt ausgetauscht wurde, wie nur irgendwie möglich. Ganz besonders unangenehm war mein Ekel, der sich nicht nur gegen die Freier, sondern immer mehr auch gegen mich selbst richtete. Sehr bald bildete ich einen Waschzwang aus, der sich so äußerte, dass ich mindestens zehnmal am Tag duschen und nach jedem Freier mindestens zweimal Zähne putzen musste. Tat ich das nicht, konnte ich nicht schlafen, weil ich mich so schmutzig fühlte. Viele meiner Kunden nahmen auch Drogen, Kokain war gesellschaftlich vollkommen anerkannt, und ich musste meine Sucht nicht verstecken. Stammfreiern verkaufte ich auch Stoff. Dass Männer unter Drogen noch perversere Monster wurden, war mir egal, weil ich selbst so zugedröhnt war, dass es mich in diesen Stunden nicht weiter störte. Der Rausch verband uns und es war, als wäre man emotional miteinander verquickt.

Dejan und Mahmut lebten mit von meinem Geld. Inzwischen kochten wir unser Crack selbst, wofür wir täglich fünf Gramm Kokain kauften. Bei Mahmut stellte sich heraus, dass er eine paranoide Schizophrenie hatte. Weil er mich mehrfach beklaute, musste er irgendwann gehen. Nun war ich mit Dejan allein.

Hin und wieder ließ ich verlauten, dass der Job eigentlich echt unangenehm war, aber dass ich es für uns doch gerne tat. Er war mein Gott, und ich liebte ihn über alles. Also wollte ich alles dafür tun, um für immer mit ihm zusammensein zu können. Dieses „Für Immer" bedeutete konkret, bis ich 27 Jahre war, denn dann wollte ich sterben. Viele bedeutende Musiker sind mit 27 einen tragischen Tod gestorben, und das wollte ich auch. Denn was wäre die Welt, wenn ich nicht mehr jung und schön sein würde? Mir war bewusst, dass ich länger nicht durchhalten würde. Er hatte eine Idee, wie ich der Prostitution entkommen könnte: Ich sollte 30.000 Euro anschaffen, denn die brauche er, um seine eigene Autowerkstatt eröffnen zu können, wo ich dann als Sekretärin arbeiten könnte. Das klang nach einer realistischen Vision. Zumindest redete ich mir das ein. Dazu müsste ich *clean* werden. Sobald ich mein Geld nicht mehr für Drogen ausgeben würde, dürfte ich vielleicht drei Monate brauchen, dieses Geld zusammenzusparen, und das motivierte mich. Um noch mehr Geld zu machen, dachte ich darüber nach, in die Schweiz zu gehen. Dort waren die Preise wesentlich besser als in Deutschland. Ich recherchierte und telefonierte mit verschiedenen Studios und nahm mir immer wieder fest vor, einen Entzug zu machen. Alle paar Tage warfen wir all unsere Pfeifen weg und versprachen uns gegenseitig, dass es nun endgültig vorbei sei mit dem Crack. Doch einer von uns beiden ertrug diesen Zustand dann nicht, oder wir fingen schrecklich zu streiten an. Daraufhin ritzte ich mich am ganzen Körper, weil ich nicht mehr wusste, wie ich anders Stress abbauen könnte. Wenn es so weit war, schien Konsum die klügere Alternative zu sein. Also rief ich einen der Dealer an, um uns Crack bringen zu lassen.

Aus der Idee, in die Schweiz zu gehen, wurde nichts, weil ich erfuhr, dass ein Haftbefehl gegen mich vorlag. Ich weiß nicht mehr, wie ich das erfuhr, aber ich weiß, dass es mich noch paranoider machte, als ich sowieso schon war. Es bedeutete, dass ich nicht die Polizei rufen konnte, wenn ich in Gefahr war, oder dass ich mich so wenig wie möglich am Hauptbahnhof herumtreiben sollte, um in keine Personenkontrolle zu geraten. Das machte mich völlig von Dejan abhängig und befeuerte meinen Benzo- und Alkoholkonsum.

Ein zugrunde gerichteter Junkie

Inzwischen hatte ich innerhalb von zwei Monaten acht Kilo abgenommen und bestand nur noch aus Haut und Knochen. Meine Agentur feuerte mich, weil ich unzuverlässig wurde und herauskam, dass ich Freiern Kokain verkaufte. Mein Körper war so heruntergewirtschaftet, dass meine Periode ausblieb und ich nur noch Schmierblutungen bekam. Dejan und ich aßen vielleicht zwei Mahlzeiten pro Woche. Einmal eine Dose Linseneintopf und eine Dönerbox mit Reis. Für die übrigen Kalorien war der Alkohol zuständig. Durch das Crack entwickelte ich eine Art Neurose. Unter dem Glastisch, auf dem ich das Crack kochte, war ein weißer Flokatiteppich, auf den manchmal ein paar Krümel der Droge herunterfielen. Völlig übernächtigt und ein bisschen wirr begann ich nun jedes Mal nach dem Rauchen diesen Flokati abzusuchen. Nächtelang verbrachte ich auf dem kuscheligen Teppich. Ich war nicht davon abzubringen und leuchtete jedes einzelne Haar des Teppiches ab. Manchmal führte mein Wahn dazu, dass ich wirklich jeden weißen Krümel, auch wenn es sich um Schmutz handelte, aufhob und zu rauchen versuchte. Tagsüber jedoch stand ich an der Balkontür und sah herunter auf die Straße, weil ich Angst hatte, dass die Wohnung observiert und ich verhaftet werden könnte. Inzwischen war ich bis auf meine übermäßige Reinlichkeit und die Art mich zu kleiden und zu stylen kaum noch von den Zombies am Hauptbahnhof zu unterscheiden.

Da ich keinen Entzug schaffte und daher Geld brauchte, musste ich weiter anschaffen. Auch wenn Dejan mich inzwischen für meine Prostitution heruntermachte und beleidigte, stimmte er zu, mich im Ernstfall zu „covern". Schließlich hatte er schon vor mir vier Frauen, die sich prostituierten. Er gab sich immer in jeder Hinsicht als der Erfahrene. Ob es um das Milieu ging, andere Kriminalität oder die Lebensfragen des Otto-Normalbürgers, Dejan wusste immer alles und behandelte mich wie eine unfähige Göre, die ihm nur auf die Nerven ging. Für mich war er dabei der Vater, der mir die Welt erklärte, schließlich war er 16 Jahre älter als ich. Deshalb bemühte ich mich, seinen Forderungen gerecht zu werden. Mit dem Geld, das ich verdiente, versuchte ich mir seine Liebe zu kaufen. Ich bot mich an als das Opferlamm, das all die Schmerzen auf sich nahm, damit er sehen könnte, wie sehr ich ihn liebe. Retrospektiv betrachtet war er ein toxischer Mensch, der mir meinen letzten Rest Selbstwertgefühl aussaugte und mich geschickt manipulierte. Doch damals hielt ich mich für die falsche Frau und ihn für den richtigen Mann. Nun verkaufte ich mich wieder selbstständig über das Internet. Weil ich weiterhin ängstlich war, hatte ich immer ein Messer, Schraubenzieher, Bleistift oder Kugelschreiber im BH oder im Strumpfband. Diese Gegenstände ließen sich im Ernstfall schnell ergreifen und dem Freier in den Hals rammen. Zum Glück kamen sie nie zum Einsatz. Dennoch wurden die Freier nicht angenehmer. Ich konnte einfach nicht mehr. Meine Situation mit dem Haftbefehl hatte ich inzwischen geklärt. Nun hatte ich nur noch eine Meldepflicht. Das machte meinen Kopf ein bisschen freier und ich entschied mich, in meine Heimatstadt zu einem bekannten Heroindealer zu fahren, um vom Crack runterzukommen. Dejan war damit überhaupt nicht einverstanden. Für ihn stand sein Konsum auf dem Spiel. Dennoch fuhr ich los.

In meiner Heimat angekommen, wurde ich erst einmal von anderen Junkies um einen Teil meines Tablettenproviants gebracht. Bei meinem Bekannten bekam ich dann einen Schuss qualitativ sehr hochwertiges Heroin. Ich klappte sofort mit dem Kopf auf den Tisch. Mein Körper war nun also entspannt und mit Rausch versorgt, dennoch schlug ich nachts um mich, zitterte und schwitzte. Besucher hielten mich aufgrund meiner Figur für eine 16-Jährige und erschraken über meinen miserablen Zustand. Dem Mann, bei dem ich schlief, wurde es mit mir zu anstrengend, und er schob mich zu einem seiner Kumpel ab. Ich erinnere mich kaum an die Details, weil ich so übermüdet war, dass ich immer und überall einschlief. Während eines Treffens mit meiner Pflegemutter fiel ich mit dem Gesicht in den Kuchen vor mir. Als ich meine Pflegeschwester im Bus sah, nickte ich im Stehen ein und fiel immer wieder fast um. Und als mich mein Heimleiter zum Essen einlud, fiel ich mit dem Kopf in die Bolognese. Die Menschen konnten nicht fassen, wie ich mich zu Grunde gerichtet hatte. Selbst ein lokal bekannter Rapper, der mich online eigentlich als Tänzerin für ein Musikvideo anheuern wollte, erschrak als er mich sah und fragte mich, ob er mir helfen könne. Ich ließ mir zehn Euro geben und zog ab. Das war der absolute Tiefpunkt meines Lebens. Über eine Onlineplattform, auf der ich mich verkaufte, zog ich mir einige gute Freier an Land. Die Freier in meiner Heimat waren wirklich wesentlich anständiger als in Frankfurt. So konnte ich mir meinen Heroinkonsum, der dort sehr teuer war, finanzieren. Nach zwei Wochen kam endlich das Ende dieses elenden Zustands, als ich wegen einer Zeugenaussage zu Gericht musste. Dort sprach ich mit meiner Jugendrichterin wegen meines Haftbefehls, der wieder aktiv war, und versprach ihr, eine Therapie zu machen. Ich bat sie, mich nicht verhaften zu lassen, weil ich mich haftunfähig fühlte. Das bejahte sie und stimmte meiner Idee, eine Therapie zu machen, zu. Wenige Tage später ließ ich mich in das Bezirkskrankenhaus einweisen. Ich wog kaum mehr etwas. Bereits entzügig und übernächtigt, bekam ich direkt nach Ankunft einen Fieberschub, der mich für 24 Stunden in einen tiefen Schlaf versetzte. Das Personal dachte, ich hätte nur so hohes Fieber, weil ich mich vor dem Eintrudeln in die Klinik zugedröhnt hätte. Das stimmte nicht, aber man dosierte mich nun gnadenlos fast kalt herunter. Nach drei Tagen lag ich im Delirium. Ich konnte die ganze Nacht nicht schlafen und war so nassgeschwitzt, dass ich um fünf Uhr morgens duschen ging. Da hörte ich aus den Röhren auf einmal Stimmen. Es waren die Pfleger, die über mich lästerten. Als ich aus der Dusche heraustrat, flimmerte es, und mein ganzes Zimmer war plötzlich voller Insekten. Schnaken, Fliegen, Spinnen. Und es glitzerte! Rasch zog ich mich an und ging völlig verängstigt zum Stationszimmer, um nach einer Bedarfsmedikation zu verlangen, woraufhin man mich ruppig abwies. Etwa drei Stunden später erschien der Oberarzt, den ich sprechen wollte, jedoch war plötzlich alles voller Fliegen, und ich bekam vor Angst keine Luft mehr. Man gab mir ein Antibiotikum, das ich wegen einer eitrigen Angina verschrieben bekommen hatte, aber ich erbrach es sofort. Dem Oberarzt vor die Füße. Dieser erhöhte meine Dosis gnädigerweise um wenige Milligramm. Dem Delir war jedoch zumindest geholfen.

Dejan drehte während meiner Zeit der Entgiftung komplett ab. Er besorgte sich eine scharfe Waffe und nahm einem unserer Dealer

20 Gramm Kokain ab. Von einem anderen Dealer erschlich er sich noch mehr Stoff. Das erfuhr ich jedoch nur, weil man mich dafür verantwortlich machte. Ich war der Goldesel, das wusste man, und deshalb sollte ich zahlen. Da war es mir nur Recht, dass ich weit entfernt war. Die Beziehung mit Dejan schien sowieso vorbei zu sein. Wenige Tage später wurde er verhaftet, aber weil ich nicht aufgeben wollte, schrieb ich ihm einen Brief.

Auf meiner Entgiftungskur ging es wild zu. Ich startete eine Affäre, beorderte Freier, mir Kleidung und Zigaretten zu kaufen. Einer fuhr von Frankfurt zu mir, nur um mir mehrere Säcke Kleidung zu bringen. Ich hatte kaum noch Freunde. Der einzige Mensch, der mir noch wichtig war, war Dejan, auch wenn er mich mit an Sicherheit grenzender Wahrscheinlichkeit nicht liebte. Dennoch war ich froh, dass wenigstens irgendwelchen Männern etwas an mir lag. In der letzten Woche des Klinikaufenthalts war ich rückfällig und beantragte Sonderausgang, um einen Porno zu drehen und ein Fotoshooting abzuwickeln. Ich hoffte, auf diese Weise etwas Geld sparen zu können für die Zeit nach der Entzugstherapie. Eine Woche später wurde ich in eine Anstalt gebracht.

Das Ankommen auf der Drogen-Reha wurde mir nicht leichtgemacht. Weil ich jung und schlank war, mobbten mich die anderen Frauen. Sie sagten mir von Beginn an, ich solle die Finger von „ihren“ Männern lassen und legten mir Fallstricke, wo sie nur konnten. Alle meine Regelverstöße, so klein sie auch waren, wurden denunziert. Jede Ungenauigkeit beim Putzen wurde dramatisiert. Dass ich mich dann an eine Gruppe von Männern hängte, die nett zu mir waren, weil sie sich Gefälligkeiten erhofften, schien mein einziger Ausweg, der aber wiederum auch für Probleme mit den anderen Frauen sorgte. Mit zweien dieser Männer hatte ich jeweils getrennt voneinander etwas, bis sie mich zu zweit in der Sauna vergewaltigten. In einem Gespräch mit einer Frau, die bemerkte, dass ich nicht mehr mit den Männern abhängen wollte, thematisierte ich, dass sich die beiden mir gegenüber blöd verhalten hatten. Obwohl ich noch nicht einmal erwähnt hatte, dass es sich um einen Übergriff handelte, flogen die beiden Männer aus der Einrichtung. Das war mir ein bisschen unangenehm, aber es tat mir gut, weil ich anfing zu lernen, dass es nicht in Ordnung war, wenn Männer mir so etwas antaten. Insgesamt war die Therapie dennoch sehr unangenehm. Ich kam überhaupt nicht damit klar, nüchtern zu sein und wurde von Erinnerungen und *Flashbacks* überwältigt. Alles war mir unangenehm, der Duschzwang kam zurück, jederzeit fühlte ich mich schmutzig und ekelte mich vor allem und am meisten vor mir selbst. Nach vier Monaten wurde ich rückfällig und flog sechs Wochen vor Ende raus. Mit Dejan war ich wieder zusammen, ich schickte ihm Geld in den Knast und seitenlange Liebesbriefe. Insgesamt hatte ich 20 Kilo an Gewicht zugenommen, weil ich nun Antidepressiva und massenweise Schokolade zu mir nahm.

Direkt nach meinem Rauswurf verbrachte ich zwei Wochen bei einem Jungen in Mannheim, der meinetwegen seine Therapie abgebrochen hatte. Die Nähe zu Frankfurt ermöglichte mir, dort günstig größere Mengen Heroin zu holen. Jedoch merkte ich bald, dass ich bei ihm nicht dauerhaft bleiben konnte und ging deshalb zurück in meine Heimatstadt. Dort bekam ich ein kostenloses Zimmer in der Pension eines Bekannten. Dieser Bekannte hatte mich auch vor meiner Therapie schon unterstützt, weil ich eine Freundin seiner 40 Jahre jüngeren Angebeteten war und er sich erhoffte, dass ich Einfluss auf sie ausüben würde und die beiden verkuppeln könnte. Er war sowohl Freier, als auch Vater eines Exfreundes. Um uns milde und wohlgesinnt zu stimmen, finanzierte er uns beiden unseren Heroinkonsum und hatte hierfür sogar einen eigenen Dealer. Trotzdem fing ich wieder an anzuschaffen. Ich wollte Dejans Geldstrafe, für die er eine Ersatzfreiheitsstrafe verrichtete, abbezahlen, um ihn aus dem Knast zu holen. Hierfür stand mir das Pensionszimmer auch zur Verfügung. Es war eine schreckliche Zeit, bis ich nach ein paar Wochen endlich das Geld zusammenhatte. Um die ekelhaften Freier und die geforderten unmenschlichen Praktiken zu ertragen, nahm ich viel Heroin. Das half jedoch nicht gegen meine körperlichen Beschwerden, die ich vermutlich wegen meiner schlechten Leberwerte hatte. Der Arzt auf der Therapie hatte mir nämlich kurz vor meinem Therapieabbruch gesagt, dass meine Leber meinen Lebensstil noch maximal zwei Jahre mitmachen würde und ich deshalb dringend ein *cleanes* Leben anstreben sollte. Danach war mir nun gar nicht. Das war wahrscheinlich auch der Grund dafür, dass ich mich täglich übergab und von bleierner Müdigkeit völlig lethargisch wurde.

Als Dejan endlich aus dem Gefängnis kam, schliefen wir zwei Monate in Darmstadt bei einem seiner Zelleninsassen, der schon früher entlassen worden war. Die Zeit dort war geprägt von Streit und Kontrollverlust. Mich packten heftige Eifersuchtsattacken, weil die Mitbewohnerin dieses Zellenkollegen Dejan gegenüber anzügliche Bemerkungen machte. Der Rauswurf erfolgte ziemlich plötzlich, weshalb wir in eine Obdachloseneinrichtung mussten. Ein Trailerpark. Die Unterkunft bestand aus Containern, die sich jeweils vier Menschen teilen mussten. Weil ich aber einen Hund hatte, bekam ich einen eigenen. Inzwischen war ich wieder auf Crack, Alkohol und Benzos. Eigentlich war mit Dejan abgemacht, dass ich mich nicht mehr prostituieren würde, jedoch blieb mir nichts anderes übrig, weil er ständig sein Geld verrauchte und verzockte. Also verbrachte ich immer wieder meine Wochenenden im Laufhaus. Unsere Rettung war, als ich den Chef der Animierbar, in der ich in meiner Anfangszeit in Frankfurt gearbeitet hatte, wiedertraf. Er bot uns an, uns eine Wohnung im Haus seines Sohnes zu vermitteln. Außerdem bot er mir an, wieder in der Bar zu arbeiten, was ich dankend annahm. Eine Wohnung zu haben, verringerte die belastenden Umstände zunächst immens. Denn in der Obdachloseneinrichtung herrschte ein sehr aggressives Klima, ich schnitt mir regelmäßig die Arme auf und drohte damit, mir mein Leben zu nehmen. Zuhause hatte ich ein wenig mehr Ruhe und durch die Arbeit in der Bar war zumindest etwas regelmäßiger Geld da. Doch die Beziehung zu Dejan verschlechterte sich. Seine Sucht machte ihn skrupellos. Er beklaute mich und klaute auch in Supermärkten und in der Nachbarschaft. Zuhause machte er mich fertig dafür, dass ich weder putzen noch kochen wollte, was ich damit rechtfertigte, dass ich ja das Geld nach Hause brachte. Wieder einmal versuchte ich schließlich, auf eigene Faust einen Entzug zu machen. Mit dem Crack aufzuhören fiel mir diesmal leicht, weil ich bei weitem nicht so viel konsumierte wie vor der Therapie. Die Benzos dosierte ich langsam ab, war aber schrecklich depressiv und suizidal. Jeder Streit mit Dejan machte mich noch hoffnungsloser. Als dann eine Freundin aus meiner Heimatstadt zu mir zu Besuch kam, war der Höhepunkt meiner Depression erreicht.

Wir verbrachten ein paar Tage miteinander und ich weinte sowieso schon viel, weil ich aufgrund meiner psychischen Schmerzen gar nichts anderes mehr wollte, als meinem Leid Ausdruck zu verleihen. Stundenlang erzählte ich ihr, was in meinem Leben alles Schreckliches geschehen war. Sie konnte an vieles anknüpfen, weil sie auch traumatische Erfahrungen gemacht hatte. Nach ein paar Tagen verlangte sie dann von mir, dass ich ihr ein Zimmer im Laufhaus besorge. Recht war es mir nicht, aber ich brachte sie in das Haus, in dem ich auch schon gearbeitet hatte. Unten vor dem Haus trafen wir einen von Dejans Kumpels. Als ich meine Freundin in das Haus gebracht hatte und wieder nach draußen kam, fragte mich dieser Kumpel nach ihr. Wer sie sei, ob sie da nun arbeite und so weiter. Ich antwortete, dass er, wenn er Geld habe, in dieses Zimmer gehen könne, in das ich sie eben gebracht hatte. Er ging rein, und ich ging los, um nach Dejan Ausschau zu halten, weil wir Streit hatten. Nachdem ich ihn nicht finden konnte, ging ich nachhause. Dort erwartete mich ein Anruf meiner Freundin, sie sei gerade von eben jenem Kerl, den ich zu ihr hochgeschickt hatte, vergewaltigt worden.

Mich überforderte diese Information komplett. Sie weinte, und ich hielt es nicht aus, fühlte mich schuldig. Es erinnerte mich an die Situation in der Kinder- und Jugendpsychiatrie, als mein 16-jähriges Ich gerade schuld daran war, dass meine Mitpatientin von meinen „Freunden" vergewaltigt worden war. Wieder hatte ich das Gefühl, weder mich noch irgendwen anderen schützen zu können.

Misslungener Selbstmord in der Badewanne

Da ich schon eine Weile Suizidgedanken gehabt hatte, sah ich nun den Moment gekommen, mein Leben zu beenden. Die Intensität meiner Gefühle war so stark, dass ich den Mut fand, allem Seienden zu entsagen. Meinen Berechnungen zufolge würde ich es nicht bereuen, nun zu sterben. Der einzige, um den es mir tatsächlich leidtat, war mein Hund. Aber um den würde sich Dejan sicherlich kümmern, dachte ich. Auf Dejan war ich so wütend, dass ich sogar froh war, ihn nicht mehr sehen zu müssen. Und ich dachte, dass das auf Gegenseitigkeit beruhte. Was genau noch in meinem Kopf vorging, kann ich mich heute nicht erinnern, aber ich weiß, dass ich zur Beruhigung eine Diazepam nahm und ein Bier trank. Irgendwann kam Dejan nach Hause und legte sich auf die Couch, aber wir sprachen nicht miteinander. Ich legte mich in unsere Eckbadewanne und ließ lauwarmes Wasser einlaufen. Ob ich nun die Klingen, mit denen man den Herd freikratzen konnte, ins Bad holte, oder ob ich, wie auch sonst, wenn ich mich ritzte, meine Einwegrasierer aufbiss und die Klingen rausholte, weiß ich nicht mehr. Eines von beidem werde ich getan haben, und damit legte ich mich in die Badewanne. Meine Emotionen schwankten zwischen Euphorie, Wut und Trauer. Ich weinte, mein Herz raste, doch irgendwann fühlte ich mich leer. Bevor ich die Rasierklinge an meinem Arm ansetzte, fiel mir ein, dass mir jemand, als ich noch jünger war, die Geschichte eines Heiligen erzählt hatte. Dass diese Geschichte über Franz von Assisi erstunken und erlogen war, wusste ich damals noch nicht, aber sie besagte, dass er heiliggesprochen worden war, weil er sich sein Leben genommen hätte, um zu Jesus zu kommen. Plötzlich kam Dejan ins Badezimmer und sagte, dass ich aufpassen solle, was ich täte, weil er zu dicht sei, um einen Krankenwagen zu rufen. Das machte mich noch entschlossener. Mit so einem schlechten Menschen wollte ich nicht weiter zusammenleben. Also betete ich: „Gott, ich will nicht heiliggesprochen werden, ich will nur zu Dir!“, und schnitt mir von oben nach unten die Unterarme auf. Ich wusste, dass die Arterien unter den Venen lagen und schnitt mir entlang der Venen tief ins Fleisch. Meine Kräfte und meine Lebenssäfte verließen mich. Das Wasser wurde schnell knallrot. Es dauerte nicht lange, und ich wurde ohnmächtig.

Als ich nach zwei bis drei Stunden im kalten, rotgefärbten Wasser wieder aufwachte, hörte ich eine Stimme zu mir sagen: „Es ist noch nicht an der Zeit für dich zu sterben, ich habe noch einen Plan für dich.“ Völlig verwirrt legte ich mich zu Dejan auf die Couch, legte ihm meinen blutleeren Arm auf den Bauch und schlief ein. Am nächsten Tag ließ ich mich ins Universitätsklinikum in die Psychiatrie einweisen, wo ich nach der Gabe von 20 Milligramm Diazepam jedoch wieder ging, weil ich auf einer Station für psychisch gestörte Menschen gelandet war, die mir so sehr Angst machten, dass ich lieber zuhause sein wollte, als dort. Der Pfleger entließ mich mit den Worten: „Geh, solange du noch kannst“, und ich machte mich schnurstracks auf den Weg nach Hause. Dejan schien mich nicht zu erwarten und hatte Besuch von einem Bekannten, der früher einmal in mich verliebt gewesen war. Beide waren betrunken. Da es Dejan nicht gefiel, dass ich wieder da war, beleidigte er mich am laufenden Band und drohte mir, meinen Hund aus dem Fenster zu werfen, woraufhin ich ihn ohrfeigte. Er verlor die Kontrolle und prügelte mich durch den Glastisch, der dabei in Brüche ging. Unser Bekannter griff nicht ein und ich erwachte am nächsten Tag mit Schrammen, Hämatomen und zwei „Veilchen" im Gesicht. Die Situation zuhause und das Zureden von Dejan und den Sozialarbeitern im Kontaktcafé brachten mich dazu, in eine andere Psychiatrie zu gehen. Dort stellte man mich wieder fest auf Diazepam ein, was mir sehr gut tat. Jedoch war meine psychische Verfassung völlig desolat. Ich intrigierte und spaltete die Gruppe, was das Zeug hielt. Heute weiß ich nicht einmal mehr, warum. Wahrscheinlich manifestierte sich mein innerer Unfrieden auch im Äußeren. Es war jedoch wie immer, dass sich sowohl Patienten als auch Pfleger an meinem Äußeren stießen. Die knappe Kleidung und die platinblonden Haare waren eine Provokation. Dass mir die Männer an die Wäsche wollten und ich das für meine Geschicke zu nutzen versuchte, gefiel auch nicht. So kam es, dass man mich nach zehn Tagen rauswarf und sieben Patienten mit mir gingen. Weil ich mich nicht nach Hause traute, schlief ich bei der Übernachtungsgelegenheit eines meiner Mitpatienten. Er kaufte mir Kleidung und zusammen mit den anderen Abbrechern gingen wir in einer Spelunke im Bahnhofsviertel einen heben. Es war sehr lustig, ich knutschte mit einem von ihnen herum, und wir wurden um ein Gramm Koks betrogen. Im Hintergrund lief die Jukebox mit alten Evergreens.

Letztlich fühlte ich mich haltloser als je zuvor. Das einzige, was mich von meinem inneren Chaos ablenken konnte, war Rausch, war Liebesrausch. Ich jagte immer dem nächsten Kick hinterher, suchte extreme Gefühle, um die Gefühle der inneren Leere nicht spüren zu müssen. Mein Leben war völlig an die Wand gefahren. Bei meiner Übernachtungsmöglichkeit wollte ich nicht mehr bleiben, weil der Gastgeber mir auf die Sachen gepinkelt hatte. Irgendwann musste ich also nachhause. Wie genau es war, als ich Dejan wieder begegnete, weiß ich nicht mehr, begeistert war er jedenfalls nicht. Er war verärgert, dass ich „nie etwas zu Ende bringen konnte". Ich glaube, wir waren weiterhin getrennt und es hatte sich nicht viel geändert. Immer wieder versuchte ich, ihn zum Sex zu überreden oder flehte auf Knien, dass ich ihn vermisste und wieder mit ihm zusammen sein wollte. Mein Leben war unerträglich, aber das Diazepam half mir.

Und außerdem war da noch diese Stimme, die ich beim Aufwachen nach meinem Suizidversuch gehört hatte. War das Gott, der zu mir gesprochen hatte? Ich war mir ziemlich sicher, dass Er das war. Es gab keine Alternative. Ich hatte die Stimme laut und deutlich gehört. Und seltsamerweise waren meine Suizidgedanken seither wie weggeblasen, obwohl sich mein Leben um keinen Deut verbessert hatte. Die Erkenntnis, dass Gott persönlich wohl zu mir gesprochen und Schlimmeres verhindert haben muss, brachte mich dazu, hin und wieder zu beten. Wenn ich besonders traurig war, bat ich immer wieder: „Hilf mir! Hol mich hier raus!". Und ich hoffte, dass sich endlich etwas tun würde. Dass sich Alexander, mit dem ich früher eine Affäre hatte, dann irgendwann nach knapp zwei Jahren wieder meldete, interpretierte ich als ein Zeichen.

Er war auf Therapie in Norddeutschland, nachdem er eine ganze Weile im Knast gesessen war. Wir versprachen uns, einander bald in Frankfurt zu treffen. Mit Dejan war ich ja offiziell nicht zusammen. Mein verletztes Ego wurde von Alexanders netten Worten einbalsamiert. Dass Dejan ein Arsch war und ich etwas Besseres verdient hätte, war, was ich dringend hören wollte. Die

Erinnerung an unsere Romanze ließ die Lust in mir aufkommen, sie wiederzubeleben, und wir verbrachten eine Nacht im Hotel miteinander. Dejan erzählte ich nichts davon, jedoch lernten er und Alexander sich kurze Zeit später beim Crackrauchen auf der Straße kennen. Dejan brachte Alexander zu uns nach Hause und bot ihm an, bei uns zu wohnen. Das Blut schoss mir ins Gesicht, was für eine Peinlichkeit. Dejan verachtete mich sowieso, ihn störte das alles nicht so sehr. Aber Alexander war ziemlich wütend und enttäuscht, als er erfuhr, dass ich weiterhin damit geliebäugelt hatte, wieder mit Dejan zusammenzukommen. Ich war so ausgehungert nach Liebe, dass mein Verhalten völlig inkonsistent und widersprüchlich war.

Mit zwei Ex-Freunden unter einem Dach

Wer auch immer das liest, wird merken, dass ich weder eine Heldin, noch eine Sympathieträgerin war. So wie ich mich verhielt, war ich eine Frau, deren Verhalten kein Mensch mehr verstand. Ich verriet und betrog und suchte überall meinen Vorteil. Loyalität und Aufrichtigkeit kannte ich nur für den Moment. Drehte ein Mensch mir den Rücken zu, hatte ich ihn vergessen. Dass ich das mit einer starken Sehnsucht nach Liebe erkläre, hat nicht damit zu tun, dass ich mich entschuldigen möchte. Vielmehr möchte ich darauf hinweisen, dass man, wenn man derlei Frauen begegnet, nicht über sie urteilen sollte.

Diese Frauen sind arm dran, und auch wenn du, Leser, sie nicht verstehst und bemerkst, dass ihr moralischer Kompass entweder fehlgeleitet oder nicht existent ist, bitte ich dich, Mitgefühl zu haben. Sei nachsichtig! Vergib ihnen!

Nun lebte ich also mit zweien meiner Ex-Freunde gleichzeitig zusammen. Diese Konstellation war unangenehm, jedoch gewöhnten wir uns schnell daran. Hin und wieder rauchte ich Crack mit den beiden. Das Geld dafür beschafften wir dadurch, dass wir Freier ausraubten. Die Idee kam mir dadurch, dass ein Mann auf einen Post von mir in einer online Selbsthilfegruppe, in dem ich mich über meine Prostitution und mein misslungenes Leben ausheulte, ein Prostitutionsangebot sandte. Als wäre dieses nicht dreist genug, bot er mir für eine ganze Nacht die lächerliche Summe von 250 Euro. Das verärgerte mich so sehr, dass ich keine Skrupel hatte, ein Date mit ihm zu vereinbaren und Dejan und Alexander zu bitten, nach 20 Minuten das Hotelzimmer zu stürmen, um mich unter dem Vorwand, ich wäre erst 17 Jahre alt, aus dem Zimmer herauszuholen. Obwohl Dejan vorgab, kein Interesse an mir zu haben, gab es durchaus auch Situationen, in denen er seinen Besitzansprüchen und seiner Eifersucht freien Lauf ließ. Einmal begann er plötzlich, bei einem Trinkgelage mit einem Messer vor mir herumzufuchteln, woraufhin ich mir auch selbst ein Messer schnappte und auf ihn losging. Die Vorgeschichte dazu war, dass er all meine Kosmetikartikel in der Badewanne ausleerte und eines der Zimmer absperrte. Daraufhin rief ich die Polizei, damit sie ihn der Wohnung verweisen. Diese kam, weigerte sich jedoch, ihn mitzunehmen, weil sie den Ernst der Lage nicht erkannte. Nach einiger Zeit, nachdem die Polizei gegangen war, entschlossen wir uns, zur Versöhnung gemeinsam eine Flasche Wodka zu leeren.

Nachdem die Flasche leer getrunken war, eskalierte der Streit wieder, und Dejan und ich attackierten uns mit Messern, während Alexander versuchte, uns auseinanderzuhalten. Noch heute sieht man die Spuren der Messer in den Arbeitsplatten meiner Küche. Ich traf Dejan nicht, er mich jedoch schon, und er fügte mir leichte Kratzer am Gesäß zu. Es gab also kein tragisches Ende. Wenige Wochen später, als Alexander für ein paar Tage weg war, gab es jedoch ein erneutes Zusammenprallen von Dejans und meiner aufgestauten Wut. Inzwischen prostituierte ich mich wieder gelegentlich und traf mich nach einem Termin mit einem Bekannten. Dejan glaubte mir nicht, dass der Termin nicht mit meinem Bekannten selbst stattgefunden hatte und nahm sich in seinem Ärger ein paar meiner Diazepam. Als ich das sah, wurde ich wütend, woraufhin er mich wüst beschimpfte und die Tür so zuschlug, dass ich von ihr getroffen wurde. Ich ging auf ihn los und wir fingen an, uns heftig zu prügeln. Irgendwann war er so in Rage, dass er mir zuzischte, er würde mich nun umbringen. Er versuchte, mir die Nase gegen das Hirn zu rammen und bearbeitete mit seinem Ellenbogen meine Schläfen. Völlig panisch schrie ich wie am Spieß. Unsere Vermieter hörten mein Geschrei und riefen die Polizei. Nach ihrem Eintreffen führten sie Dejan sofort ab und verwiesen ihn der Wohnung. Wenige Tage später ging ich zum Amtsgericht, um eine einstweilige Verfügung zu erwirken, und ich zeigte Dejan an. Bei meinem Hausarzt ließ ich auch schon vorher immer wieder protokollieren, wenn Dejan mir Verletzungen zugefügt hatte. Aus den Fehlern mit Jens hatte ich gelernt, dass ich Beweise sammeln musste, wenn mir Unrecht angetan worden war, damit ich später nicht wieder das Problem haben sollte, auf die anderen nicht glaubwürdig zu wirken. In diesem Fall muss ich nun aber zugeben, dass ich, im Gegensatz zu meiner Beziehung zu Jens, hier nicht immer unschuldig war.

Das Wochenende nach all diesen Vorfällen fuhr ich zu einem Bekannten, den ich aus dem Internet kannte, nach Nordhessen, 150 Kilometer nördlich von Frankfurt. Wir wollten Handyverträge machen und die Handys verkaufen. Mein Aufenthalt begann damit, dass wir Alkohol tranken und ich irgendwann so betrunken war, dass wir Sex hatten. Dann machten wir einen Vertrag, bei dem für mich nichts heraussprang. Er bekam für eine Anzahlung von 200 Euro ein iPhone, und ich war zu betrunken, um zu merken, dass ich die restlichen Kosten und die Vertragsgebühren zu bezahlen hatte. Danach fuhr er mich zu zwei Kumpels, von denen er sagte, sie würden mich zurück nach Frankfurt fahren. Das taten sie auch, aber eben erst am nächsten Morgen, nachdem sie mich, während ich phasenweise bewusstlos war, zu zweit vergewaltigt hatten. Ob das nur dem Alkohol geschuldet war, oder ob ich auch K.O.-Tropfen bekommen hatte, weiß ich nicht. Die anschließend wirklich heftigen Kopfschmerzen ließen mich jedoch den Einsatz von K.O.-Tropfen vermuten. Eine Ecke vor der Praxis meines Substitutionsarztes ließen sie mich raus, und ich beeilte mich, schnell weiterzukommen. Es ging mir hundeelend. Die Situation war so dermaßen überfordernd für mich, weil wirklich alles in der letzten Woche schiefgelaufen war. Mit Dejan hatte ich mich geprügelt, meine Vermieter hatten mir hierfür eine Abmahnung gegeben, ich war pleite und nun auch noch das. Weder wollte, noch konnte ich so weitermachen.

Neubeginn mit Stolpersteinen

An der Straßenecke sah ich plötzlich eine Gruppe Christen um einen der Junkies herumstehen, die ihm die Hände aufgelegt hatten, um für ihn zu beten. Er hatte anscheinend dazu eingewilligt. Mir fiel sofort wieder meine Erfahrung nach meinem Suizidversuch in der Badewanne ein und dass ich danach immer wieder zu Gott um Hilfe gebetet hatte. Weinend, jedoch auch mit leuchtenden Augen (wie mir später bestätigt wurde) lief ich einem Mädchen der Gruppe entgegen und fragte sie, ob sie für mich beten könne. Schnell bildete sich eine Traube von Betenden um mich herum. Ein alter Mann, der die Gruppe leitete, lud mich ein, mein Leben Jesus zu übergeben. Heute erinnere ich mich gar nicht mehr genau daran, was ich mir in diesem Moment alles gedacht hatte. Es war die Verzweiflung, die mich zu diesem Akt der Hingabe trieb. Und die Hoffnung, mein Leben würde sich durch den Einfluss einer höheren Macht endlich bessern. Tatsächlich gaben mir die Christen, denen die Menschen im Bahnhofsviertel von Frankfurt so am Herzen lagen, nach und nach ein bisschen Halt. Peter, der Leiter des Evangelisationstrupps, bemühte sich ernsthaft darum, dass ich sonntags mit ihm in den Gottesdienst kam. Immer wieder rief er mich an, fragte wie es mir ging und gab mir Weisung, wie ich ein gottgefälliges Leben führen könne. Einerseits war das Einhalten von Regeln nicht besonders attraktiv für mich, andererseits jedoch boten diese neuen „Gebote" eine Perspektive auf ein ordentliches, weniger leidvolles Leben. Ich wollte das Alte hinter mir lassen, neu beginnen. Den anderen sagen, dass ich mich verändert habe und nun nicht mehr zu ihnen gehöre. Nach nichts sehnte ich mich so sehr, wie nach Veränderung, deshalb versuchte ich ein weiteres Mal, eine Entgiftungstherapie zu besuchen, um von Diazepam loszukommen. Nach einer Woche flog ich raus, schaffte es jedoch, anschließend kein Diazepam mehr zu nehmen. Stattdessen trank ich viel und ging eine Beziehung mit einem Mitpatienten aus meiner Substitutionspraxis ein, den ich auch bei mir wohnen ließ. Denn allein zu sein bedeutete: innere Leere. Eine Leere, die ich nicht ertragen konnte und auch nicht ertragen wollte. Wenn ich allein war, vermisste ich Dejan und musste mir Gedanken wegen meines verpfuschten Lebens machen. Immer wieder fielen mir unangenehme Situationen ein, Situationen, in denen ich misshandelt worden war. Inzwischen war ich 21 Jahre alt und hatte nach wie vor keine Idee, was ich aus meinem Leben machen sollte. Die Sozialarbeiter bei meinem Substitutionsarzt schlugen mir unter anderem wegen der Therapieauflage, die ich im Rahmen meiner Bewährungsstrafe hatte, vor, mein Abitur nachzuholen. Das klang gut, jedoch war es praktisch unmöglich, weil ich wieder begann, Heroin zu konsumieren. An Silvester 2015/2016 holte ich mir sogar wieder Crack und Diazepam, wobei ich mir aufgrund einer misslungenen Injektion auch einen Abszess inklusive Blutvergiftung zuzog. Mit einer Freundin raubte ich systematisch Freier aus, um das Geld zu beschaffen. Zur Prostitution fühlte ich mich selbst nicht mehr in der Lage.

Kurz darauf begann ich, mir einen ungewöhnlichen Schlafrhythmus anzueignen. Ich schlief täglich zwischen 14 und 20 Stunden, und es gelang mir kaum, weniger zu schlafen. Erst schob ich es auf eine Depression, jedoch wurde es eigenartig für mich, als ich meine Vergabezeiten des Substitutionsmedikaments nicht mehr einhalten konnte. Weil ich es öfter nicht schaffte, im richtigen Zeitfenster hinzugehen, nahm ich wieder regelmäßig Heroin.

Auch begann ich wieder mit Escort-Terminen. Gott war scheinbar wieder ganz weit weg für mich. Doch der Mann, der den Evangelisationstrupp im Bahnhofsviertel anführte, meldete sich immer wieder. Manchmal klingelte er sogar an der Haustür, um nach mir zu sehen. Seine penetrante Art ging mir auf die Nerven und vorerst schaffte ich es nicht, den Kontakt aufrechtzuerhalten. Doch erinnerte er mich durch seine Besuche daran, dass ich ja eigentlich mein Leben Gott übergeben hatte. Gleichzeitig spürte ich aber auch stark den Widersacher in meinem Leben. Sobald man mich einmal festgenagelt hatte, mit zur Kirche zu gehen oder eine christliche Bekannte zu treffen, schlief ich wie ein Stein. Auch meine Versuche, mich in einer Schule anzumelden, um mein Abitur nachzuholen, was mir erlaubt war, anstatt meiner Therapieauflage Genüge zu tun, um nicht ins Gefängnis zu müssen, verschlief ich ständig. Und wenn ich es dann doch mal in die Gemeinde schaffte, schlief ich ein, sobald der Lobpreis oder die Predigt begannen. Vorerst nahm ich also wieder Heroin und lebte mit einem Mann zusammen, der dieses auch verkaufte. Nach ein paar Monaten versuchte ich erneut zu entgiften. Es dauerte keine drei Tage, bis ich die Entgiftung wieder abbrach.

Gegen Frühling verbesserte sich immerhin meine Müdigkeit, und nach ein paar Wochen beendete der Mann, der bei mir lebte, die Beziehung. Ich war unberechenbar und aggressiv, deshalb war es das Beste, was er tun konnte. Weil ich nun aufhören musste, Heroin zu nehmen, begann ich wieder zu koksen. Das war zwar die zerstörerische Alternative, dafür schaffte ich es endlich, mich auf der Schule anzumelden und mich an meine Bewährungsauflagen zu halten. Mein Tag war dadurch, dass ich Sozialstunden ableisten musste, einigermaßen strukturiert.

Jedoch verbrachte ich meine Zeit weiterhin mit schwerst drogenabhängigen Kleinkriminellen und machte auch selbst krumme Geschäfte. Weil ich die Einsamkeit nicht ertrug, ließ ich im Sommer einen Kumpel bei mir einziehen und alle möglichen Junkies bei mir abhängen. Obwohl die Schule im Juni losging, rauchten wir die ganze Nacht Crack und tranken Bier. Manchmal nahm ich auch wieder Partydrogen. Wenn die Christen mich zufällig trafen, waren sie enttäuscht von mir. Auch die Schule beurlaubte mich nach nur zwei Wochen, weil ich eine Entgiftung machen sollte. Zur Schule ging ich schwankend und lallend und benahm mich daneben. Da ich wusste, dass ich noch etwa zehn Wochen Zeit hatte, weil ich erst nach den Sommerferien wiederkommen sollte, gab ich mir erst noch eine ordentliche Dröhnung. An den Wochenenden begann ich, in einem Stripclub zu arbeiten und nahm regelmäßig Kokain. Außerdem konsumierte ich Fentanyl, das stärkste Opiat, das zurzeit erhältlich ist. Es ist sehr schwer zu dosieren. In den USA hat sich erst kürzlich die durchschnittliche Lebensdauer der Bevölkerung verkürzt, weil so viele Menschen wegen des Konsums von Fentanyl an einer Überdosis sterben. Auch ich hatte innerhalb von drei Wochen fünfmal eine Überdosis. Immer waren es Bekannte von mir, die mich wieder ins Leben zurückholten. Es war nicht normal, dass jedes Mal, wenn ich gerade eine Überdosis konsumiert hatte, jemand bei mir reinkam und mich in diesem elenden Zustand erblickte. Deshalb bin ich überzeugt, dass ich mein Überleben Gott verdanke. Irgendwann wurde es mir zu gefährlich, und ich machte mich nun auf in die Entgiftung. Der Leiter der christlichen Gruppe fuhr mich hin und betete vor dem Eingang mit mir. Das war ein Wendepunkt für mich. Ich war entschlossen, etwas zu ändern. Diesmal wirklich.

In der Klinik bekannte ich mich zu meinem Glauben und führte Gespräche darüber. Weil ich aber sonst ziemlich verquere Ansichten hatte, eckte ich damit an. Aber immerhin zog ich einen zweiwöchigen Aufenthalt durch und konsumierte anschließend weniger. Ein paar Ausrutscher konnte ich mir irgendwie nicht verkneifen, weil ich immer noch einen Kumpel bei mir wohnen hatte, der Drogen verkaufte. Auch war das schnelle Geld durch größere Deals einfach viel zu verlockend. Und auch auf die Prostitution konnte ich nicht verzichten, weil ich eine größere Geldstrafe abzuzahlen hatte, wegen der ich fast ins Gefängnis gekommen wäre. Die alten Probleme holten mich immer wieder ein, so entschlossen ich auch war, mein Leben zu ändern. Dennoch veränderte ich mich nach und nach. Ich fing an, mich immer mehr mit den christlichen Werten zu identifizieren, und der alte Evangelist, der mich immer wieder kontaktierte, sprach mir zu, aus meinem Leiden und meiner Vergangenheit etwas Schönes zu machen. Ich könnte andere Menschen durch meine Geschichte ermutigen und ihnen zeigen, wie Gott mich verändert. Davon war zwar noch nicht so viel zu sehen, aber ich konnte es spüren. Irgendwie wuchs in mir der Wunsch nach einem besseren Leben, und die Menschen in meinem Drogen-Umfeld waren mir immer mehr zuwider. Ich prügelte mich mit einem Mann, mit dem ich eine Affäre hatte, im betrunkenen Zustand und merkte, dass mir der Konsum keinen Spaß mehr machte. Wenn ich Kokain konsumierte, hatte ich sofort eine Überdosis und wenn ich Heroin nahm, wurde ich aggressiv, obwohl die Wirkung eigentlich eine sedierende sein sollte. In mir breitete sich das starke Gefühl aus, dass es Gott war, der mir die Drogen madig machte, damit ich von ihnen lassen konnte.

Egal, was ich versuchte, es war unangenehm. Also beendete ich meine Affäre und konsumierte auch keine Drogen mehr. Auch dem Alkohol schwor ich ab. Das Einzige, das ich noch einnahm, war mein Subutex, mein Heroinersatz, den ich vom Arzt bekam. Trotzdem musste ich wieder als Escort bei einer Agentur arbeiten, weil ich Angst vor dem Knast hatte und schnellstmöglich etwa 1.500 Euro auftreiben musste, um meine Strafe zu bezahlen. Andere Möglichkeiten, so etwas zu regeln, waren mir nicht bekannt. Ich machte es auf die Weise, die ich gewohnt war und sprach mit niemandem darüber. Zu Dejan, der ja in Haft saß, hatte ich wieder Kontakt aufgenommen und hatte vor, meine Anzeige zurückzuziehen. Da das aufgrund des fortgeschrittenen Verfahrens nicht mehr möglich war, sagte ich vor Gericht einfach, dass ich den Streit provoziert hatte und alles halb so wild war, weswegen er letztlich nur eine Geldstrafe von 900 Euro bekam. Ich wollte wieder mit ihm zusammen sein und besuchte ihn mit meinem Escort-Chauffeur in der Justizanstalt in Rheinland-Pfalz. Ich zahlte dem Chauffeur etwa 100 Euro, kaufte Dejan für 20 Euro Zigaretten und fuhr dann auch noch für etwa 20 Euro mit dem Zug zurück, nur damit Dejan mir eine Abfuhr geben konnte, weil ihm mein Escort-Job nicht passte. Inzwischen hatte auch die Schule wieder begonnen, aber es war mir nicht möglich, sie regelmäßig zu besuchen. Nachts musste ich manchmal bis drei Uhr früh arbeiten und brauchte mindestens sechs Stunden Schlaf, um einigermaßen funktionieren zu können. Also hatte ich bis zu 70 Prozent Fehlzeit. Es wurde mehrmals diskutiert, ob man mir den Schulbesuch weiter genehmigen solle. Diesmal so gut wie nüchtern als Escort zu arbeiten fiel mir sehr schwer. Jeder Tag fühlte sich lähmend an.

Als bestünde die Luft aus kaltem Honig, durch den ich mich durchkämpfen musste. Nach der Schule, sofern ich denn hinging, traf ich mich entweder mit dem alten Evangelisten zum Backgammon oder ich schlief bis zum nächsten Termin. Die Zeit in der Bäckerei beim Backgammon-Spiel nutzte der alte Mann, mir von Jesus Christus zu erzählen. Heute weiß ich, dass einige seiner Ansichten mir nicht sehr guttaten, weil sie extremistisch und etwas lieblos waren, aber ich konnte mich in diesem Moment mit ihnen identifizieren. Er forderte mich auf, mir Predigten von berühmten amerikanischen Fernsehpredigern anzusehen und auch die Bibel zu lesen. Auch ermutigte er mich, mit dem Rauchen aufzuhören, was ich durch Gebet tatsächlich durchhielt. Mein einziges Laster blieb die Prostitution, und es fiel mir, obwohl ich meine Geldstrafe schnell gezahlt hatte, sehr schwer, mich von ihr zu befreien. Zu sehr brauchte ich die Bestätigung durch die Komplimente reicher Männer und ihr Geld. Je mehr Geld sich auf meinem Schreibtisch stapelte, desto wertvoller fühlte ich mich. Aber die Depressionen machten mich fertig. Zu lange hatte ich verdrängt, wie sehr mich der Job fertigmachte. Und wie sehr es mich anekelte, dass man mich nur als Objekt ohne freien Willen behandelt hatte. In der Schule merkte ich nämlich, dass mich die Fächer interessierten und ich schon gerne etwas lernen würde. Auch wenn ich kaum anwesend war und mit unüberlegten Aussagen aneckte, merkte ich, dass ein Studium eine gute Perspektive für mein Leben wäre. Der alte christliche Mann redete ständig auf mich ein. Komischerweise störte es mich nicht, weil er kein prüder Spießer war.

Er hatte selbst ein bewegtes Leben als Privatdetektiv hinter sich. Er war eine Frankfurter Kultfigur gewesen, der gerne trank und feierte, und mit vielen Frauen sein Leben genossen hatte. Doch dann wurde er Christ und fühlte sich berufen, den Drogenabhängigen am Hauptbahnhof das Evangelium zu bringen. Über meine Freier machte er sich lustig und über die Schauergeschichten, die ich erzählte, konnte er mit mir lachen. Während wir Backgammon spielten, beleidigten wir uns auf übelste Weise, lachten über uns und über andere. Er schenkte mir Kuchen und bot mir immer wieder mal 10 Euro an, falls ich etwas nicht bezahlen könne. Das ließ mein Hurenstolz aber nicht zu. Da ich genug Geld hatte, steckte ich ihm manchmal etwas für seine Evangelisationsarbeit zu. Vielleicht versuchte ich, mich vor Gott freizukaufen, ich weiß es nicht. Wenn ich die Bibel aufschlug, fühlte ich immer wieder, dass Gott mir sagte, ich solle aufhören mit meinem Job. Aber meine Chefin machte Druck, und ich wollte den Luxus nicht missen. Es lief nämlich richtig gut.

Die totale Umkehr

Eines Tages nahm der alte Mann mich mit in eine iranische Gemeinde. Er erzählte mir, dass es dort einen Mann gebe, der die Dämonen, von denen Menschen besessen sind, sehen könne. Bei allem, was ich nun erzählen werde, sei dem Leser selbst überlassen, ob er es für geschickte Manipulation oder für das Wirken Gottes hält. Für mich war es das Wirken Gottes. Und selbst wenn es Manipulation gewesen sein könnte, war das Ergebnis mit Sicherheit Gottes Willen.

Wir gingen in den Keller einer großen Frankfurter Freikirche und setzten uns zu zwei iranischen Männern. Sie fragten mich, wofür sie beten sollten.

Der alte Mann hatte ihnen nichts von mir erzählt. Also sagte ich nur, dass sie für die Heilung der Wunden meiner Kindheit beten sollten. Sie nickten und fingen an. Sie beteten in einer Sprache, die ich nicht verstand, und einer der beiden schnippte manchmal mit dem Finger. Ich begann zu weinen und zu husten und dachte, ich müsse mich übergeben. Es war, als würde etwas aus mir weichen wollen, aber irgendwie noch festgehalten werden. Der eine Mann fragte mich dann, ob es sein könne, dass ich in einer falschen Sexualität lebe. Verwundert fragte ich ihn, wie er darauf käme. Er begründete es damit, dass „der Geist von Missbrauch" zu ihm spräche und dass dieser nicht weggehen würde, wenn ich nicht aufhörte, eine „falsche Sexualität" zu praktizieren. Ich verstand sofort. Der Missbrauch, der mir als Kind widerfahren war, konnte nicht heilen, solange ich mich weiter prostituierte. Nun begann ich noch stärker zu weinen und begann, mich zu erklären. Gleichzeitig versprach ich, damit aufzuhören. Dann war das Gebet kurz danach zu Ende, und wir aßen gemeinsam. Der alte Mann freute sich wie ein Kind, doch erwartete er nach der Veranstaltung von mir, dass ich bei meiner Chefin kündigte. Mir fiel das unendlich schwer. Wir saßen im Dunkeln auf der Bank und ich rauchte eine Zigarette nach der anderen, obwohl ich eigentlich aufgehört hatte. Irgendwann fasste ich mir ein Herz und rief sie an. „Ich kann das nicht mehr. Ich war in der Kirche, wir haben gebetet, ich kann das einfach nicht mehr, es geht nicht." Meine Chefin war verwirrt. Dann aggressiv.

Sie schickte mir eine WhatsApp nach der anderen. Sie sandte mir minutenlange Voicemails und drohte mir. Sie wollte 500 Euro Strafgebühr, weil ich mich nicht an eine zweimonatige Kündigungsfrist gehalten hatte, und forderte die Provision zurück, die noch bei mir auf dem Schreibtisch lag. Irgendwann bekam ich Kopfschmerzen und ging schlafen. Es war einfach zu viel. Irgendwie konnte ich es nicht fassen. Das Geld, meine Identität als Hure, alles fort. Ich hatte es einfach aufgegeben.

Mein Vater – das ältere Äquivalent zu mir

Nun musste ich mich mit meiner Armut konfrontieren lassen und konnte mir keine ausgedehnten Shoppingtouren mehr leisten oder mir für mehrere hundert Euro Haarverlängerungen machen. Einerseits war ich traurig, andererseits war ich stolz auf mich, zumindest einmal in meinem Leben richtig entschieden zu haben. Ich fühlte mich Gott wirklich nahe. Es war so ein Segen, dass er die Umstände so führte, wie er sie geführt hatte. Seine Hand war in meinem Leben sehr deutlich zu spüren. Und auch wenn meine Chefin nun begann, mir zu drohen, wusste ich, dass ich keine Angst zu haben brauchte. Der alte Evangelist stachelte mich an und machte mir Mut. Er sagte mir, dass Gott größer und stärker ist als alles, was meine Chefin mir antun könnte und dass es klar sei, dass der Widersacher mich an meine Vergangenheit ketten wolle, indem er mir den Ausstieg schwer machte. Also betete ich, dass Gott mich schützen solle. Davids Psalmen gegen seine Feinde halfen mir dabei und stärkten mich. Auch wenn Menschen vor meinem Haus auf mich warteten, blieb ich stark. Zwar konnte ich manchmal vor Angst nicht das Haus verlassen, doch war der alte Mann telefonisch immer erreichbar, um für mich zu beten. Sonntags ging ich hin und wieder mit zur Kirche und privat begann ich, mir christliche Bekannte zu suchen, mit denen ich betete und Predigten ansah. Zwar hatte ich am Rande noch Kontakt zu Freiern, die mir Geld versprachen, doch fiel das immer weniger ins Gewicht. Meine Anwesenheit in der Schule besserte sich. Meine Leistungen auch.

Mit meinem Heroin-Ersatzstoff wurde es auch immer weniger. In kürzester Zeit dosierte ich mich eigenmächtig auf die Hälfte herunter, sodass ich schnell auf nur noch sechs Milligramm Subutex war. Als mein Erspartes aufgebraucht war, hagelte es unbezahlte Rechnungen. Aber wie auf wundersame Weise kam ich nach meinen Gebeten auch immer wieder zu Geld, das es mir ermöglichte, meine Rechnungen zu bezahlen. Eine 500 Euro Stromnachzahlung trieb mich so weit in die Verzweiflung, dass ich kurz davor war, wieder voll in die Prostitution einsteigen zu wollen. Jedoch bot mir ein christlicher Bekannter von sich aus an, diese Rechnung zu bezahlen. Die Christen um mich herum waren stolz auf mich. Und ich auch auf mich selbst. Von Gott fühlte ich mich umarmt und getragen. Es war, als wäre Er omnipräsent.

Mit einem christlichen Freund, der aus den USA nach Deutschland abgeschoben wurde, weil er dort schwer drogenabhängig und kriminell gewesen war, begann ich fast täglich zu beten. Unter anderem beteten wir auch darum, dass ich endlich meinen leiblichen Vater kennenlernen könnte. Zwei Tage lang durchforsteten wir daraufhin das Internet nach US-Army Soldaten, deren Namen wie der seine klangen. Es gab nämlich verschiedene Schreibweisen für seinen Namen, und ich wusste nicht, welche die richtige war. Den Menschen um mich herum erzählte ich von meiner Suche. Einer meiner Internetfreunde schaffte es dann sogar in kürzester Zeit, meinen Vater ausfindig zu machen. Er sah einfach in der Facebook-Gruppe seiner Kaserne nach und fand einen Mann, dem man auf den ersten Blick ansah, dass er das männliche, etwas ältere Äquivalent zu mir war. Es war der absolute Wahnsinn, in mein eigenes Gesicht zu blicken. Meiner Familie mütterlicherseits gegenüber habe ich mich immer ziemlich fremd gefühlt, aber hier sah ich nur ein Foto von einem Mann, den ich noch nie gesehen hatte, und es fühlte sich sehr vertraut an. Als ich ihm schrieb, dass ich seine Tochter war, die ihn gern kennenlernen würde, wusste er sofort, dass ich nicht log. Zwar machte er sich wahrscheinlich Sorgen, dass ich nun 22 Jahre Unterhalt rückwirkend einfordern wolle, jedoch stand er einem Kennenlernen offen gegenüber. Ich war Gott so dankbar für die Erhörung meines Gebets. Denn es veränderte wirklich viel in mir. Endlich konnte ich meinen Vater durch das Internet kennenlernen, der ein sehr intelligenter Mensch mit einer interessanten Biographie war. Nun wusste ich endlich, woher die positiven Anteile in mir, die ich in meiner Familie mütterlicherseits nicht wiederfinden konnte, kamen. Eine positive Identifikationsfigur zu haben half mir, mich selbst anzunehmen und wertzuschätzen. Es weckte die Hoffnung in mir, mein Potenzial nutzen zu können. Denn auch mein Vater kam aus prekären Verhältnissen, aber er hatte es sehr weit gebracht. Heute ist er Unternehmensberater, und er hatte schon einige bedeutende Führungspositionen in verschiedenen Unternehmen inne.

Die Vergangenheit holt mich wieder ein

Doch irgendwie schaffte ich es trotz all dieser guten Ereignisse nicht, komplett von der Prostitution zu lassen. Es begann nämlich wieder, dass alte Wunden aufbrachen und ich Männer wieder zu hassen begann. Deshalb meldete ich mich wieder auf einer Escort-Seite an, weil ich dachte, wenn ich eine Beziehung gegen Geld hätte, wäre das für Gott nicht ganz so schlimm. Da mir der alte Christ aber immer erzählte, dass man beim Sex so etwas wie geistliche „Geschlechtskrankheiten" bekommen könnte, hatte ich trotzdem ein schlechtes Gefühl. Ich machte zwei Termine und merkte, dass ich es nicht mehr konnte und wollte. Schnell war das aber sowieso kein Thema mehr, weil mir ein Bekannter eine Nachricht schrieb, dass Dejan soeben aus dem Knast entlassen worden war. Sofort rannte ich zum Bus, stieg um in die U-Bahn und rannte am Bahnhof die Treppen hoch, wo ich ihn tatsächlich auch direkt erblickte. Mein Herz schlug so laut, dass ich es hören konnte. Er war reserviert, wirkte abweisend, aber stimmte dennoch zu, dass wir etwas miteinander trinken gehen könnten. Ich holte uns Alkopops, die wir zügig tranken, woraufhin wir miteinander indisch essen gingen. Im Hintergrund lief Musik aus rührseligen Liebesfilmen, und ich begann zu weinen. Mir ist heute noch unklar, weshalb, aber seit ich ihn kannte, hatte sich ein starkes Band zu ihm gebildet, das bestehen blieb, egal mit wem ich schlief oder was er mir antat. Meine Frage, ob wir zu mir gehen wollten, verneinte er zuerst. Also kaufte ich noch mehr Alkohol, den ich aber bei einem Heulkrampf im Supermarkt fallen ließ. Die Nostalgie war so stark. Die Erinnerung an die alte Liebe, an die ich immer glaubte, die er aber nie erwiderte und auch nie erwidern würde. Es gab nur vereinzelte Momente, in denen er mir ein Stück Brot hinwarf. Nahrung für meine ausgehungerte Seele. Die Liebe und die Geborgenheit, nach der ich mich so lange schon sehnte.

Jedoch gab er mir darin nie Sicherheit. Jeden Moment musste ich auskosten, zu unsicher war, dass er wiederkäme. Jede Sekunde bestand wie bei einem launischen Tier die Gefahr, dass er es sich anders überlegte. Er war wie eine Wildkatze. Anschmiegsam, solange er sich etwas von mir versprach. Aber er hatte seinen Willen und fuhr die Krallen aus. So war es auch diesmal. Ich bettelte, dass er mit zu mir käme und er stimmte irgendwann zu, weil er sonst in der Obdachlosenunterkunft hätte schlafen müssen. So betrunken und gleichzeitig liebestrunken, wie ich war, hatten wir Sex. Da ich nun schon etwa zwei Monate keinen Sex gehabt hatte und mir die Schmerzen, die die Prostitution hinterlassen hatte, völlig bewusst waren, überforderte mich die Situation. Der Akt war diesmal für mich ein Akt völliger Hingabe. Ich war plötzlich verletzlich, weil alle Mauern heruntergefahren waren. Deshalb begann ich wieder, ganz bitterlich zu weinen. Dejan war lieb und fürsorglich und beruhigte mich, obwohl er es nicht verstehen konnte. Meine Veränderung war ihm nicht bewusst, wahrscheinlich schob er es auf den Alkohol. Aber auch das nächste und das übernächste Mal brach ich in Tränen aus, obwohl wir nüchtern waren. Unsere Beziehung hatte sich verändert. Diesmal wollten wir es richtig machen. Dejan wollte mich nicht mehr ausnutzen, und ich wollte mich darin üben, eine loyale und fürsorgliche Freundin zu sein. Ich hörte auf, mich zu weigern, ihn zu bekochen und versuchte, ihn bei seinem Vorhaben, *clean* zu bleiben, bestmöglich zu unterstützen. Er begann hingegen zu arbeiten und unterstützte mich finanziell. Den ersten Job in der Autolackiererei verwarf er schnell. Der alte Evangelist vermittelte ihm rasch einen neuen, auch wenn er es nicht gern sah, dass ich wieder mit meinem Ex-Freund zusammen war. Auch gefiel ihm nicht, dass wir außerehelichen Verkehr hatten. Dennoch unterstützte er mich in meinem Vorhaben, Dejan vom christlichen Glauben zu überzeugen. Also unterzog sich auch Dejan Exorzismen, was ich aus heutiger Sicht wirklich fragwürdig finde. Ich war in ein fundamentalistisches Umfeld von freikirchlichen Pfingstlern mit sehr radikalen Ansichten geraten. Das tat mir nicht nur gut. Anfangs wirkte es sehr stabilisierend, jedoch schlichen sich Irrlehren und schädliche Glaubenssätze in mein Denken ein. Alles Alltägliche wurde dermaßen mystifiziert und vergeistlicht, dass ich in allem ein Zeichen sehen musste. Entweder ein Zeichen von Gott, oder eines von dämonischer Aktivität. Man machte mir weiß, dass meine Sucht nicht meinen widrigen Umständen, sondern irgendwelchen Geistern geschuldet war, die man bei mir nur immer wieder austreiben müsste. Auch erzählte man mir, in meiner Wohnung befänden sich Geister, weshalb ich bei mir immer wieder Menschen einlud, die Reinigungsrituale veranstalteten. Einige Gegenstände musste ich wegwerfen, bei manchen weigerte ich mich und lebte mit der Angst, dass sie verunreinigt sein könnten. In meinem neuen Umfeld war es normal, dass Menschen über andere Autorität ausübten, indem sie einander sagten, Gott habe einem Menschen gewisse Handlungsanweisungen für den anderen gegeben. Wenn ich zum Beispiel keine Lust hatte, mit in die Gemeinde zu gehen, gewann man dadurch Autorität über mich, indem man mir sagte, Gott habe gesagt, Er würde dort etwas Besonderes für mich bereithalten. Teilweise wurde auch die Unterstellung, ich würde in Sünde leben, mit der Aussage unterfüttert, „der Heilige Geist" hätte ihnen das offenbart. So hatte auch schon meine Pflegemutter argumentiert. Deshalb kam es mir nicht komisch vor, und ich glaubte es. Und wie gesagt, es tat mir erst einmal auch gut. Es hielt mich davon ab, wieder in Drogensucht und Prostitution abzurutschen.

Jedoch wurde ich ziemlich bald rückfällig, weil Dejan nicht *clean* blieb. Ich versuchte gerade wieder einmal, eine Entgiftung von meinem Heroinsubstitut zu unternehmen, aber es fiel mir schwer zu widerstehen, mit ihm zu konsumieren. So begann ich sporadisch wieder Heroin zu konsumieren. Nachdem mir Dejan wieder Geld entwendete, beendete ich schließlich die Beziehung. Das fiel mir schwer, aber mein Wille, ein gutes Leben zu führen, war inzwischen wirklich eisern, weswegen ich die Reißleine ziehen musste. Weiterhin schickte ich ihm Bibelsprüche und Psalmen. Von einem gemeinsamen Bekannten habe ich später erfahren, dass er etwa ein Jahr später sich dann doch bekehrte und in eine Gemeinde ging.

Es war nun Sommer 2017, und nach den Sommerferien begann der Ernst des Lebens. Nun musste ich meine Fehlzeiten in der Schule wirklich in den Griff bekommen, denn ich kam in die elfte Klasse. Also zwang ich mich in den Ferien, meine Tagesstruktur umzukrempeln. Jeden Morgen stand ich zwischen sechs und sieben Uhr auf, um eine Stunde mit meinem Hund auf das Feld Gassi zu gehen. Tagsüber ging ich ins Fitnessstudio, für das ich noch immer einen kostenlosen Vertrag hatte, weil der Besitzer früher ein Freier von mir war. Dann ging ich meist zusätzlich noch mit einer christlichen Freundin ins Schwimmbad. Das tat mir sehr gut. Wir sprachen über Gott und beteten eine Menge. Das erste Mal in meinem Leben hatte ich das Gefühl, dass ich all meine Aktivitäten wirklich genießen konnte. Die Liebe zu mir selbst und zu anderen Menschen wuchs. Ich aß gesund und sorgte für meine Gesundheit.

Auch begann ich wieder zu lesen. Die Werke von Sigmund Freud und Alfred Adler begleiteten mich sowohl ins Schwimmbad als auch ins Fitnessstudio. Manchmal ging ich zwischen den gläsernen Wolkenkratzern, die in der Sonne glänzten, umher und genoss ihre Schönheit. Es war wunderbar, ein Teil der Zivilisation zu sein. Die hohen Häuser, die teilweise echte architektonische Kunstwerke darstellten, waren für mich der Beweis, dass der Mensch nicht mehr der rohen Gewalt, der Primitivität und den Launen der Natur unterworfen war. Sie zeigten mir, dass man mit Kopfarbeit hoch hinauskommen konnte, und das motivierte mich, mich über mein Schicksal hinwegzuheben. Außerdem wusste ich Gott an meiner Seite. Er ließ mich so oft seine Liebe spüren und erhörte meine Gebete.

Doch leider holte mich die Vergangenheit immer wieder ein. Zuerst erreichte mich die Nachricht, dass Jens wieder aus der Haft entlassen war, was mir große Angst bereitete. Dann stand das Finanzamt zu einer Hausdurchsuchung vor meiner Tür, weil meine Escort-Chefin mich wegen Steuerhinterziehung angezeigt hatte. Doch auch hier stand Gott mir bei. Ich lernte, Bibelsprüche, die Schutz versprachen, so anzuwenden, dass sie der Angst den Kampf ansagten. Und wegen der Sache mit dem Finanzamt traf ich glücklicherweise auf sehr wohlwollende

Beamte, die mir nichts Böses wollten und mir Tipps gaben, wie ich die Steuern in Raten abzahlen konnte.

Als die Schule dann wieder begann, erzielte ich richtig gute Leistungen. Das Lernen machte mir Spaß und meine Klassenkameraden waren überrascht, dass von dieser blonden, etwas überdrehten Exotin, wohl doch ein paar vernünftige Inhalte hervorkamen. Etwa drei Wochen nach den Sommerferien überredete mich der alte Evangelist, mit ihm eine Gemeinde zu besuchen, in der eine Frau predigte, die als ein Opfer von Kinderprostitution in eine schwere Drogenabhängigkeit gerutscht war. Auch sie hatte diese Abhängigkeit durch Jesus überwunden. Schließlich war ich noch immer auf Subutex und schaffte es absolut nicht, komplett davon loszukommen. Die ganze Gemeinde nahm sich vor allem der Drogenabhängigen und Menschen am Rande der Gesellschaft an. Das bewegte mich sehr. Auch die Predigt dieser Frau, mit deren Geschichte ich mich gut identifizieren konnte, berührte mich. Im Anschluss an den Gottesdienst unterhielten wir uns, und ich erzählte ihr mein Zeugnis. Die nächsten Tage vergaß ich, mein Subutex zu nehmen, bis mir am dritten Tag wie Schuppen von den Augen fiel, dass ich ohne Entzugserscheinungen davon frei geworden war. Normalerweise verursacht ein Opiatentzug Übelkeit, Gliederschmerzen, Suchtdruck und Durchfall. Auch andere Entzugserscheinungen sind möglich, aber ich hatte gar nichts davon. Die Tatsache, dass das ausgerechnet nach dem Gottesdienst passiert war, vermittelte mir das Gefühl, dass ich weiterhin in diese Gemeinde gehen sollte.

Mit der Frau des Pastors, die eben auch das Leben in Drogensucht und Prostitution kannte, begann ich eine seelsorgerische Aufarbeitung meiner Geschichte, die mir ganz und gar nicht guttat. Ob das an ihr lag, vermag ich nicht zu sagen, aber gegen Ende 2017, kurz nach meinem 23. Geburtstag, begann ich, mit Kokain rückfällig zu werden. Die ganzen Weihnachtsfeiertage hing ich bei einem ehemaligen Freier herum, mit dem ich zwar nie Sex hatte, der aber dennoch nackt und Pornos guckend über seine irren Fantasien sprechen wollte. Er hatte gutes Koks da und ich durfte so viel nehmen, wie ich wollte. Irgendwie war es mir aber zu viel. Und zu stark. Mir war unwohl, ich war unruhig und hatte plötzlich beim Gassigehen wieder Angst draußen. Erneut fühlte ich mich, als würde Gott mir meinen Rausch ruinieren und mir sagen, dass das nicht mehr mein Weg sei.

Begegnung mit meinem Vater in Paris

Einen Tag vor Silvester lud mich dann mein Vater nach Paris ein, wo er sich in seinem Urlaub immer wieder aufhielt. Wir trafen uns das erste Mal, und ich war wahnsinnig aufgeregt. Es war viel wärmer als in Deutschland, weshalb mir wirklich warm war, als wir durch die Straßen liefen. Zur Begrüßung gingen wir am *Gare de l'Est* in ein amerikanisches Burger Restaurant, das im Stil der 50er Jahre eingerichtet war. Wenn ich ihn ansah, war er absolut kein Fremder für mich. Ich empfand eine liebevolle Verbundenheit, auch wenn ich merkte, dass die Situation für ihn wirklich seltsam war. Ihm war die ganze Zeit nicht bewusst, dass er irgendwo in Deutschland noch eine Tochter hatte. Deshalb hatte er auch nicht sein Leben lang dieselbe Sehnsucht nach mir verspürt, wie ich sie nach ihm hatte. Es war zu erwarten, dass es für ihn, einen verheirateten Familienvater, eher ein Risiko darstellte, plötzlich mit einem „Unfall" aus seiner Jugend konfrontiert zu werden. Trotzdem war er fürsorglich und nett zu mir. Wir tranken, aßen und lachten zusammen. Bevor ich wieder zurückfuhr, gab er mir noch Bargeld mit, und ich war völlig erfüllt von dem Glück, endlich meinen Vater kennengelernt zu haben.

Jedoch war mein Gemütszustand in dieser Zeit nicht immer positiv. Bei meinem täglichen Bibelstudium empfand ich einige Bibelstellen als frauenfeindlich. Denn in der Zwischenzeit hatte ich mich in eine feministische Richtung politisiert. Die Beschäftigung mit meiner Vergangenheit in der Prostitution ließ mich erkennen, dass die Prostitution ein System ist, unter dem alle Frauen leiden und das in weniger als zehn Prozent der Fälle wirklich auf einer freien Entscheidung beruht. Meine Verletzungen ließen mich überall eine Herabsetzung aufgrund meiner Rolle als Frau wahrnehmen.

Am 1. Jänner 2018 gründete die bekannte Prostitutionsaussteigerin Huschke Mau das Netzwerk *Ella*, eine Interessensvertretung für Frauen aus der Prostitution. Wir waren ein paar Frauen, die sich in einem Internetforum über ihre Prostitutionserfahrungen austauschten und sich zusammenschlossen, um auf Gesetzesebene gegen die Prostitution anzukämpfen. Wir wollten erreichen, dass man das Nordische Modell auch in Deutschland implementieren solle. Das Nordische Modell bedeutet kurzgefasst, den Kauf von Sex als sexuelle Gewalt gegen Frauen anzuerkennen und daraus Konsequenzen zu ziehen: Zum Beispiel die Finanzierung von Ausstiegshilfen, die Bestrafung von Freiern, die Ächtung von Sexkauf und die Entkriminalisierung der von Prostitution Betroffenen. Im Internetforum des Netzwerks *Ella* kotzte ich mich über mein Leben und über meine Schmerzen aus. Zugekokst saß ich noch bis Februar immer wieder auf der Versace Couch meines ehemaligen Freiers und versank in Reflexionen über meine seelische Pein.

Die Seelsorge machte es nicht besser. Es tat mir nicht gut, dass ich aufgefordert wurde, dafür zu beten, dass Gott mir Erinnerungen an den Missbrauch, der mir im Alter von zwei Jahren widerfuhr, zurückgeben solle. Nach schmerzhaften Erinnerungen zu suchen, ließ so viele Traumata aus meiner Vergangenheit aufpoppen, dass ich damit nicht umgehen konnte.

Männern gegenüber wurde ich immer feindseliger. Während ich früher hypersexuell war, schien es mir nun, als sei ich asexuell geworden. Zeitweise dachte ich beim Lesen feministischer Schriften sogar darüber nach, lesbisch zu werden, was mir aber zu meinem Bedauern nicht gelang. Die Leistungen in der Schule nahmen ab, bis ich die Gemeinde, in der ich war, endlich verließ. So vieles, das in der Gemeinde vor sich ging, wirkte sehr ungesund auf mich. Es machte mich wütend, und es wühlte mich auf, dass so viele Frauen so abhängig von der Frau des Pastors waren und sich von ihr behandeln ließen wie Hunde. Außerdem wurde mir mehr und mehr bewusst, dass die Art der Seelsorge mir nicht guttat. Als dann im Rahmen der Jugendgruppe eine Predigt über die Hölle und das Jüngste Gericht drankam und die Pastorenfrau beim nächsten Seelsorgegespräch mit mir über eine Frau lästerte, die sie besonders hässlich fand und auch über eine der von ihr sehr abhängigen Frauen sehr gemeine Dinge sagte, war das Maß für mich voll. Ich konfrontierte sie mit meiner Kritik. Aber sie schmetterte alles ab, was für mich den Austritt aus der freikirchlichen Gemeinde bedeutete.

Hunger nach Bildung

In den folgenden Monaten des Sommers 2018, regenerierte ich mich. Es ging mir immer besser. Da ich nun kurz davor war, in die zwölfte Klasse zu kommen, musste ich mir auch langsam überlegen, was ich einmal studieren wollte. Denn wenn ich ein Fach mit Zulassungsbeschränkung nehmen wollte, musste ich einen gewissen Notendurchschnitt erreichen. Die Wahl lag zwischen Politikwissenschaften, Ernährungswissenschaften und Psychologie. Für Psychologie brauchte ich jedoch einen Numerus Clausus von besser als 1,3, weshalb ich mir das schnell wieder aus dem Kopf schlug. Doch dann in einem freikirchlichen Hauskreis, den ich besuchte, war zufällig ein Pastor aus Äthiopien da, der mich im Gebet aufforderte, die Bibel bei Jesaja 61,1 aufzuschlagen. Diesen Vers interpretierte ich als Antwort auf mein Gebet, was ich studieren solle und ich fand, dass der Vers „Der Geist des HERRN, ist auf mir; denn der HERR hat mich gesalbt. Er hat mich gesandt, den Elenden frohe Botschaft zu bringen, zu verbinden, die gebrochenen Herzens sind, Freilassung auszurufen den Gefangenen und Öffnung des Kerkers den Gebundenen“ (Elberfelder Bibel), so klang, als sollte ich Psychologie studieren. Ob ich das heute noch so sehen würde, weiß ich nicht, aber ich bat Gott darum, dass er mir die richtigen Noten geben solle, wenn es denn sein Plan sei. Während der Sommerferien machte ich wieder viel Sport und beschäftigte mich sinnvoll. Jedoch passierte mir ein Fauxpas, als ich einen Jungen, den ich im Internet kennengelernt hatte, datete. Wir hatten Sex, weil er mein Nein nicht akzeptierte. Jedoch hatte ich ihm zugegebenermaßen falsche Signale gesendet, weil ich noch nicht wirklich wusste, wie man sich gegen einen Mann durchsetzen konnte. Anschließend bekam ich eine heftige Grippe, weil mein Immunsystem vor Ekel zusammenkrachte. Die psychosomatischen Auswirkungen meines Ekels gingen so weit, dass ich am ganzen Körper Ausschlag bekam. Darauf folgten drei Wochen Fieber mit Nasen-Nebenhöhlen- und Stirnhöhlenvereiterungen.

Die Zeit, die ich an mein Bett gefesselt war, verbrachte ich am Laptop und hörte im Fieberwahn Vorträge von Erich Fromm und Theodor W. Adorno. Zwischendrin versuchte ich aus Panik vor Gewichtszunahme auch wieder schwimmen zu gehen, was ich aber jedes Mal wieder abbrechen musste, weil das Fieber wieder anstieg. Die Vorträge, von denen ich, weil ich so geschwächt war, gar nicht alles verstand, drangen tief in mich ein und weckten einen immensen Bildungshunger. Wie eine Wahnsinnige begann ich, sobald es mir besser ging, wieder zu lesen. Bildung wurde mein wichtigster Schatz. Als die Schule wieder begann, waren meine Noten hervorragend. Ich hatte immer einen Notendurchschnitt von 1,0. Jeden Tag dankte ich Gott für alles, was ich sah, für alles was ich hatte und für alles, was er in meinem Leben getan hat. Einst war ich eine drogensüchtige Prostituierte, doch nun lebte ich in einer großen Wohnung und war eine gute Schülerin, die mit einem Einserschnitt ihr Abitur machen würde.

Doch wieder einmal holte mich meine Vergangenheit ein. Es war ein Wochenende im Oktober, als ich und einige Klassenkameraden uns entschieden, bei einem von ihnen etwas trinken zu gehen. Wir nutzten die Gelegenheit, uns besser kennenzulernen, indem wir uns ausgiebig und tiefgründig unterhielten. Während ich mit einem jungen Mann quatschte, fragte mich der andere, ob er mein Handy haben könne, um sich meine Bilder anzusehen. Als ich einwilligte, muss ich völlig geistesabwesend gewesen sein. Denn wenn ich nachgedacht hätte, wäre mir klar gewesen, dass ich noch alte Fotos aus meiner Zeit als Pornodarstellerin auf dem Handy hatte.

Die fand er dann auch sofort und sprach mich unverblümt darauf an. Damit meine Klassenkameraden kein falsches Bild von mir bekamen, erzählte ich ihnen von den Umständen, durch die ich in die Industrie geraten war und erklärte ihnen, dass ich das alles nicht getan hatte, weil ich so gern Sex hatte, sondern dass die Hintergründe meiner Karriere sehr tragische waren. Trotz der Beteuerungen, keinem aus der Klasse davon zu erzählen, spürte ich, dass sich das Verhalten meiner männlichen Mitschüler mir gegenüber veränderte. Einen der Eingeweihten fragte ich immer wieder, ob man in der Schule über mich redete, aber er hielt etwa einen Monat lang dicht. Irgendwann gab er es dann zu, dass sie sich gemeinsam meine Fotos angesehen hatten und einige auch die Videos kannten. Mir ging es elend damit. Wo ich früher kein Schamgefühl gehabt hatte, übermannte mich nun eine Scham, die so stark war, dass ich am liebsten im Erdboden versunken wäre. Für immer. Unerträglich war das Wissen, dass mich die Hälfte der Männer um mich herum als vulgäre, grenzüberschreitende nackte Frau gesehen hatte. Denn in der Zwischenzeit war ich eine prüde, aschblonde Christin mit Bübchenkragen und Wollpullis geworden, die ihre Zeit damit nutzte, ihre Nase in Bücher zu stecken. Sexistische Witze bekämpfte ich in meinem Umfeld in der Intensität eines Großinquisitors. Derlei Witze belasteten mich so sehr in meinem Sicherheitsgefühl, dass ich anfing, von Panikattacken heimgesucht zu werden. Die Schule, die für mich immer mehr ein ungeschützter Raum wurde, in dem Männer mich sexuell belästigen durften, ohne Konsequenzen davon zu tragen, war ein schrecklicher Ort für mich. Das Einzige, das mich vor einem Abbruch bewahrte, waren meine guten Leistungen, die ich für meinen Traum, Psychologie zu studieren, brauchte. Ich wollte es den jungen Männern, die so mit mir umgingen, unbedingt heimzahlen. Ich wollte ihnen zeigen, dass die Frau, die sie zum Objekt degradierten, zweimal so klug war, wie sie und ihnen in allem haushoch überlegen. Es war mir ein Genuss, ihr pseudointellektuelles Gerede im Unterricht als Falschinformation und Aufschneiderei bloßzustellen. Als es offiziell bekannt wurde, welches Unrecht man mir angetan hatte, gaben die Lehrer mir die Möglichkeit, zu meiner Klasse zu sprechen. Meine Klassenkameraden wehrten sich gegen meine Forderung, mit den sexistischen Witzen aufzuhören und sagten mir, dass sie nicht schuld seien, wenn man meine alten Filme noch im Internet finden könne. Und dass ich mich vor allem nicht so anstellen solle. Meine Lehrer sahen zu und sagten irgendwann, dass sie damit aufhören sollen, aber Konsequenzen gab es keine. Für Niemanden. Außer für mich. Mein Sicherheitsgefühl war nun extrem beeinträchtigt. Die Ereignisse führten dazu, dass ich mein feministisches Engagement ausweitete. Anfang 2019 hielt ich meine ersten Vorträge für das Netzwerk *Ella*. Das ganze Jahr über schrieb ich Briefe an Politiker, Texte, gab Interviews und hatte irgendwann sogar Fernsehauftritte. Ich erkannte, dass es letztlich die Bloßstellung durch meine Klassenkameraden war, die mich so weit von meiner Scham befreite, dass ich vor Publikum über meine Prostitutionserfahrung sprechen konnte.

Im Hauskreis hatte ich, als die Affäre noch ganz im Anfang steckte, für die Situation beten lassen. Doch einer der Teilnehmer hatte einen Eindruck, den er dem Heiligen Geist zurechnete. Seiner Meinung nach würde Gott nicht verhindern, dass meine Geschichte an die Öffentlichkeit kam, damit das Werk Jesu Christi in meinem Leben für alle sichtbar wird und Er dadurch verherrlicht werden kann. Natürlich sträubte ich mich dagegen und regte mich wahnsinnig darüber auf. Letztlich war es jedoch wahr geworden, und ich war froh darum, dass diese kaum noch aushaltbare Situation mich endlich von meiner Scham befreit hatte. Alles war in Gottes Kontrolle und ich merkte, dass ich meine Geschichte dazu benutzen konnte, anderen Frauen Mut zu machen. Im Netzwerk *Ella* war ich der „heiße Draht nach oben“: Ich war diejenige, die, obwohl keiner außer mir an Gott glaubte, immer wieder für alle betete. Es war mir ein Anliegen, Frauen, die auch unter sexueller Gewalt litten, zu ermutigen, dass Heilung möglich ist. Ich wollte für sie da sein, sie verstehen, ihnen sagen, was für Stärken sie haben. Ihnen sagen, dass sie so unglaublich geliebt sind und Gott einen Plan für sie hat. Ein neues Leben. Er wird Asche zu Schönheit machen und ihre Tränen trocknen. Alle Leiden werden doppelt zurückerstattet werden. Jesus liebt alle diese Frauen so sehr. An so vielen Stellen nimmt sich die Bibel der prostituierten Frauen an. Jesus ist ihr größter Fürsprecher. Und deshalb wusste ich, dass meine Worte kein leeres Geplänkel waren, sondern die Liebe zeigten, die Gott persönlich für die Frauen am Rande der Gesellschaft hat.

Mit Jesus im Laufhaus

Kurz nach Jahresbeginn besuchte ich auch einmal wieder meine alte freichristliche Gemeinde, weil ich dazu von Peter überredet wurde. Sie hatten nun in der Nähe von Frankfurt ein neues Rehabilitationszentrum bekommen, in dem sie Männer und Frauen von der Straße aufnehmen wollten, um ihnen eine bessere Zukunft zu geben. Ich war begeistert. Weil ich ihre Vision teilte und dieses Projekt unterstützen wollte, blieb ich erneut in der Gemeinde hängen und ging wieder fest dorthin. Ich ging mit zur Evangelisation ins Bahnhofsviertel. Im Sommer war ich sehr aktiv dabei, als wir durch die Bordelle gingen, um mit den Frauen über Jesus zu sprechen. Mehrmals in der Woche führten wir Einzelgespräche, in denen Prostituierte uns ihr Herz ausschütteten. Einige weinten bitterlich und sprachen darüber, dass sie diese Arbeit eigentlich gar nicht machen wollten. Viele glaubten sogar an Gott, aber wollten an so einem schrecklichen Ort nicht für sich beten lassen. Eine Frau zeigte uns stürmisch ihre bulgarische Bibel. Die meisten der jungen Frauen waren aus Osteuropa, einige kamen aber auch aus Südamerika. Vereint waren sie angesichts ihrer Armut, die sie in diese missliche Lage gezwungen hatte. Manche der Frauen hatten Zuhälter, manche hatten Kinder. Einige der Frauen waren aber so wie ich früher – vermeintlich freiwillig und gerne in der Prostitution. Sie konsumierten Kokain und kauften sich gerne teure Kleidung. Sie waren trotzig, so wie ich es auch gewesen war, und schickten uns, selbst als wir mit Geschenken zu ihnen kamen, wieder weg. Ich erkannte mich selbst in ihnen wieder. Eine Frau machte mich ganz besonders traurig. Wir hatten erst ein so inniges

Gespräch miteinander, das sich so freundschaftlich und vertraut anfühlte, als wäre sie meine jüngere Schwester. Sie hatte sich, wie ich, die Lippen aufspritzen lassen und war auch genauso eitel wie ich damals. Während sie von anderen „normalen biederen Bürgerlichen" Verachtung für ihre Anbiederung an die Männerwelt erntete, erhielt sie von mir Wertschätzung und Verständnis. Deshalb hatten wir sofort einen Draht zueinander. Aber dann machte es mich traurig, dass ich sie später nicht mehr erreichen konnte. Als wir über die Möglichkeit sprachen, aus der Prostitution auszusteigen, spiegelte sich in ihren Worten, wie resigniert sie sich an die Situation bereits gewöhnt hatte. Die junge wunderschöne Frau hatte sich mit allem, was sie jeden Tag im Laufhaus erwartete, abgefunden. Es gab keine andere Perspektive für sie. Zu wichtig war ihr das Geld, das sie in ihre Heimat schicken musste.

Doch mein Wille, für diese Frauen zu kämpfen, wurde immer größer. Ich konnte den Gedanken nicht ertragen, dass Gott eine schlechte Person wie mich aus alledem errettet hat, nicht aber alle die anderen Frauen, die so viel unverdienter als ich in diese Misere geraten waren.

Nach einem großen Event, das die Gemeinde jedes Jahr veranstaltete, um den Frauen gratis Wellnessangebote zu machen, damit sie sich geliebt und geschätzt fühlten, brach ich zusammen. Mein Körper war so erschöpft von der physischen und auch psychischen Anstrengung, meine Gefühle wieder abzuspalten bei all dem Schmerz, der mich in den Frankfurter Laufhäusern erwartete. Also streikte er komplett. Plötzlich fühlte ich mich taub und stumm. Es war, als umgäbe mich ein Mantel aus Blei, der meine Glieder so schwer machte, dass ich sie kaum noch bewegen konnte. Als ich in den Gottesdienst kam, fühlte sich mein Unterleib an, als hätte man ihn mit einer Rasierklinge durchtrennt. Ich wurde überwältigt von Körpererinnerungen aus der Prostitution. Dann bekam ich einen heftigen Heulkrampf, sodass mein ganzer Körper bebte, und ich fürchtete mich zu ersticken. Der alte Evangelist war da und hielt mich im Arm. Irgendwann wurde ich auf die Bühne gerufen, um zu erzählen, was ich in den Laufhäusern gesehen hatte. Ich erzählte von einem jungen Mädchen, das apathisch, mit offener Tür, auf ihrem Bett lag und uns auf Englisch anschrie, dass wir ihr Zimmer verlassen sollten. Sie sah aus wie 14 und wirkte, als wäre sie nicht freiwillig dort. Vielleicht hatte sie an diesem Tag noch nicht genug verdient und musste deshalb sogar, während sie sich ausruhte, die Tür offen lassen, um keinen Freier zu verpassen. Das Publikum weinte. Ich auch.

Ein paar Tage darauf hatte ich die letzte Klausur vor den Sommerferien zu schreiben, aber ich schaffte es nicht hin. Es ging mir viel zu schlecht. Den ganzen Tag lag ich im Bett und konnte mich nicht bewegen. Alte Erinnerungen lähmten mich. Die innere Leere, die mich wie ein Gefängnis einnahm und mich in meinem Körper einsperrte, zerfraß alles Seiende in mir. Alles Leben in mir war ausgelöscht. Die Stunden vergingen, und ich wusste nichts mehr, außer, dass ich diesen Zustand unmöglich ertragen konnte. Plötzlich war da wieder eine Barriere zwischen mir und der Außenwelt. Was um mich herum geschah, hatte nichts mehr mit mir zu tun. Meine Mitschüler und meine Lehrer interessierten mich nicht mehr, und es war mir kaum mehr möglich, adäquat auf ihre Kontaktversuche zu reagieren. Ich war eine leere Hülle. In mir war das Nichts. Hin und wieder sickerten alte Erinnerungsfetzen aus meiner Zeit als Hure in einem Frankfurter Laufhaus durch. Nachts plagten mich Albträume von Vergewaltigungen. Tagsüber hatte ich exorbitante Fressanfälle. Manchmal schüttete ich einfach 300 Gramm Mehl, ein halbes Pfund Butter und 200 Gramm braunen Zucker, Vanillearoma und Schokoladenstücke zusammen und löffelte die Masse ungebacken und pur. Ich aß, bis die Bauchdecke spannte und schmerzte, weil ich den inneren Schmerz betäuben wollte. Aber es klappte nicht.

I will rescue you

Zu Beginn der Sommerferien arbeitete ich ein paar Stunden in der Schule, um Geld zu verdienen, und machte kleinere Aktenablagen und Ordnungsarbeiten. Auf dem Weg nach Hause traf ich einen ehemaligen Zuhälter von *Hell's Angels*, der das letzte Mal, als ich ihn vor fünf Jahren gesehen hatte, einen heftigen Drogenabsturz hatte. Doch aktuell war er frisch aus dem Gefängnis entlassen worden und sah fit und gesund aus, was mich sehr freute. Wir sprachen kurz miteinander und tauschten Telefonnummern aus. Jemanden aus diesem Milieu zu treffen, fühlte sich in meinem aktuellen Gemütszustand sehr vertraut an. Deshalb trafen wir uns nun öfter und tauschten uns über alte Zeiten aus. Er lud mich zum Essen ein, wir gingen schwimmen, und wir waren kurz davor, eine Romanze zu beginnen. Als er sich dann einmal eine ganze Nacht nicht meldete, war ich total aufgewühlt, weil ich merkte, dass sich eine Dynamik entwickelt hatte, die mir nicht guttat. Auf einmal merkte ich auch, dass meine emotionale Nähe zu diesem Mann nichts anderes war als der alte Wunsch, wieder in die Nähe des Rotlichtmilieus zu kommen. Die Veranstaltung meiner Gemeinde, bei der so viele alte Erinnerungen aufkamen, brachte in mir eine alte Persönlichkeit zutage, die ich eigentlich schon länger abgelegt hatte. Emotional war ich wieder 19 Jahre alt. Ich hörte dieselbe Musik und kleidete mich wieder in meinem alten Stil.

Meine Zukunftsvisionen traten kurzzeitig in den Hintergrund. Weil ich mich von diesem Mann, der mich weder weiterbrachte noch schätzte, distanzieren wollte, meldete ich mich wieder auf einer Escort-Seite an. An einem Abend machte ich Termine für die nächsten fünf Tage und plante, bis zum Beginn des nächsten Schuljahres so viel Geld zu verdienen wie nur möglich. Es war total absurd. Ich war nicht mehr ich selbst. All die Besonnenheit, die in mir aufgekeimt war, war auf einmal wieder weg. Natürlich wusste ich, dass das, was ich plante, falsch war. Natürlich war es auch nicht mein Wunsch, so zu handeln. Jedoch war ich wie ferngesteuert. Zu Gott sagte ich, ich wisse schon, dass der Lohn der Sünde der Tod sei. Deshalb bat ich Ihn, Er möge mich davor bewahren, von einem Freier getötet zu werden. Zusätzlich sagte ich Ihm, dass ich es einfach nicht schaffte, diese Aktion abzubrechen und mich umzuentscheiden. Er müsse mich aufhalten, wenn Er es verhindern wolle. Also begann ich, mich für meinen ersten Termin zu richten, bis mir eine YouTube-Empfehlung auf meinem Handy geschickt wurde, die mich auf Lauren Daigles Lied *Rescue* aufmerksam machte. Den Liedtext möchte ich hier aufführen, weil er so sehr zu meiner Gemütslage passte:

Rescue (von Lauren Daigle)

You are not hidden.

There's never been a moment You were forgotten.

You are not hopeless.

Though you have been broken. Your innocence stolen.

I hear you whisper underneath your breath.

I hear your SOS, your SOS.

I will send out an army to find you
in the middle of the darkest night.

It's true, I will rescue you.

There is no distance that cannot be covered.

Over and over. You're not defenseless.

I'll be your shelter. I'll be your armor.

I hear you whisper underneath your breath.

I hear your SOS, your SOS.

I will send out an army to find you
in the middle of the darkest night.

It's true, I will rescue you.

I will never stop marching to reach you
in the middle of the hardest fight.

It's true, I will rescue you.

I hear ...

Ich hörte mir den Song an und brach zusammen. Völlig überwältigt von der Liebe Gottes saß ich weinend auf meinem Bett und cancelte alle Termine. Ich löschte auch sofort meinen Account auf der Escort-Webseite und blockierte alle Telefonnummern von zwielichtigen Leuten. Ich hatte absolut nicht erwartet, dass Gott mich, obwohl ich so stur und absichtlich in die Sünde gehen wollte, mit einer so großen Liebe auffangen und davon abhalten würde, mich selbst wieder kaputt zu machen. Diese Erfahrung überwältigte mich. Schon vorher war mir klar, dass Gott bedingungslos gut war, jedoch hatte ich noch nie einen so unglaublichen Liebesbeweis von Ihm bekommen. Ich erzählte jedem davon, wie gut Gott war und wie Er mich wieder einmal gerettet hatte. Auch in der Gemeinde gab ich Zeugnis. Das Erlebnis erinnerte mich stark an den Psalm 139, in dem David von der unglaublichen Vaterliebe singt. In Vers 11 und 12 sagt er:

„Und spräche ich: Nur Finsternis möge mich verbergen und Nacht sei das Licht um mich her: Auch Finsternis würde vor dir nicht verfinstern, und die Nacht würde leuchten wie der Tag, die Finsternis wäre wie das Licht."

Für mich bedeuten diese Verse nämlich, dass unsere Dunkelheit, in die wir uns selbst begeben haben, für Gott kein Grund ist, von uns fern zu bleiben. Selbst wenn wir nicht treu sind, ist Er es trotzdem. Und selbst wenn wir schlechte Entscheidungen treffen, ist das für Ihn kein Grund, uns im Stich zu lassen. Dafür bin ich Ihm so dankbar.

Kurz darauf begann wieder der Schulalltag, doch obwohl ich eine so schöne Erfahrung mit Gott gemacht hatte, wurden meine Depressionen nicht besser. In der Gemeinde waren Verantwortliche aus der Leitungszentrale der Freikirche in den USA zu Besuch. Ein Amerikaner betete auf der Bühne und sprach ein prophetisches Wort über mich aus, dass Gott große Pläne mit meinem Leben hat. Das berührte mich sehr. Mit seiner Frau unterhielt ich mich nach dem Gottesdienst und fragte sie, ob sie als Leiterin der amerikanischen Freikirche vielleicht Tipps für mein Leben habe. Nachdem sie sich eine Kurzfassung meiner Lebensgeschichte angehört hatte, empfahl sie mir, die Schule abzubrechen und in das Rehabilitationszentrum der Gemeinde zu gehen und dort mitzuarbeiten. Ich erklärte ihr, dass ich nun zwei Halbjahre hindurch einen Notendurchschnitt von 1,0 erreicht hatte und glaubte, dass Gottes Plan für mein

Leben auch ein Studium beinhaltete. Doch sie erwiderte, dass Gott sehr große Dinge mit mir vorhabe, die keine Schulbildung erforderten. Diese Aussage erschütterte mich und stürzte mich noch tiefer in die Depression. Denn nun hatte die Schule, die mir sowieso schon viel abverlangte, weil ich gerade nicht funktionieren konnte, gar keinen Sinn mehr. Gleichzeitig wurde ich das Gefühl nicht los, dass diese Frau mich vielleicht nur für die Gemeinde als Personal rekrutieren wollte. Es fiel mir schwer, bei dieser Konversation Gottes Stimme wahrzunehmen, weil es auch mein eigener Wunsch war, mein Leben der Rettung von Frauen aus der Prostitution zu widmen, auch wenn mir das ganz und gar nicht gut tat.

Zum Glück fand etwa zwei Wochen später, nachdem sich meine Fehlzeiten in der Schule wieder gehäuft hatten, eine christliche Konferenz für die Hilfe für Prostituierte und Opfer des Menschenhandels statt. Bei dieser Konferenz wurde auch für eine politische Veränderung gebetet. Ich spürte den Heiligen Geist bei diesem Gebet, und mir wurde klar, dass mein Weg nicht der Weg der individuellen Hilfe sein konnte, weil mich diese zu sehr belastete. Nein, mein Weg war vielmehr, als Aktivistin für das „Nordische Modell" zu kämpfen. Ich bat Gott um ein Zeichen. Und so kam es, dass ich am nächsten Tag beim Surfen im Internet eine Pressemitteilung zweier christdemokratischer Politiker entdeckte, die sich zum „Nordischen Modell" bekannten, was eine umfassende Kriminalisierung der einvernehmlichen Prostitution und eine Nicht-Bestrafung des Anbietens sexueller Dienstleistungen beinhaltet. Meine Depression war wie weggeblasen. Nun wusste ich, dass die Worte der Frau aus der Gemeinde nicht die von Gott, sondern ihre eigenen waren.

Ich versuchte noch weiterhin, Frauen in Escort-Foren anzuschreiben, erzählte ihnen meine Geschichte und lud sie in die Gemeinde ein. Sogar meine Telefonnummer gab ich ihnen, damit sie sich im Notfall melden könnten. Aber als sich nichts ergab, wusste ich, dass es wahrscheinlich tatsächlich einfach nicht an der Zeit war, mich mit dieser Baustelle zu beschäftigen. Also verstärkte ich mein politisches Engagement, fuhr zu Podiumsdiskussionen, hielt Vorträge, gab Interviews. Ich nahm neue Frauen in das Netzwerk *Ella* auf und versuchte sie zu ermutigen. Wo ich konnte, versuchte ich mich einzubringen. Auch in der Schule kam ich wieder gut mit. Meine Noten waren nicht mehr ganz so gut, jedoch reichte es später dennoch für die 1,0 im Zwischenzeugnis.

Annäherung an die katholische Kirche

Ende August lernte ich dann eine besondere Frau kennen. Sie hatte Gott schon länger darum gebeten, ihr eine Person zu schicken, der sie ihr geistiges Erbe vermachen könnte. Sie war Mitte 40 und wir verstanden uns auf Anhieb. Wir trafen uns bei ihr zuhause, und sie kochte mir Piroggen, mein liebstes Gericht aus der russischen Küche. Ich aß, als hätte ich drei Jahre lang hungern müssen, und sie blamierte mich gar nicht deswegen. Ihre Worte waren sehr weise und voller Liebe. Ihre Erfahrungen mit Gott trugen den Stempel der bedingungslosen Liebe, nach der ich mich immer gesehnt hatte. Wir lachten zusammen, und ich fühlte mich nie verurteilt, weil sie so unglaublich wertschätzend war. Immer wenn ich zu ihr kam, hatte sie bereits leckeres Essen vorbereitet. Die Art und Weise, mit welcher Liebe sie ihre Wohnung und ihre Gegenstände behandelte, gaben mir das Bedürfnis, es ihr gleichzutun. Und auch die Ehe mit ihrem Mann, die von Liebe und Gleichberechtigung geprägt war, erzeugte in mir den Wunsch nach einer solchen Beziehung. Meine feministische Bitterkeit musste mehr und mehr weichen. Mein Hass auf Männer wurde weniger durch ihr Beispiel. Sie war eine so anmutige und wunderschöne Frau, die ihr Frausein annahm und dennoch nicht unterwürfig war. Im Gegenteil. In den freikirchlichen Hauskreisen, die wir besuchten, hatte sie das Wort, und sie sprach Worte der Weisheit. Ohne jemanden persönlich bloßzustellen, kritisierte sie den übertriebenen Arbeitswahn und die fehlende Liebe in den Gemeinden. Es tat mir unglaublich gut, sie kennenzulernen. Ich durfte ihre geistige Tochter werden. Ich denke, Gott hat diese neue Frau in mein Leben gestellt. Sie half mir, die negativen Erfahrungen zu überwinden, die ich mit zwei Frauen gemacht hatte, die die Mutterrolle in meinem Leben eingenommen hatten: meine Mutter und meine Großmutter.

Im selben Sommer hatte ich auch Frauen aus einer freichristlichen Gemeinde in München kennengelernt, die eine Ausstiegshilfe für Prostituierte betrieben. Einige von ihnen hatten bereits zwei meiner Vorträge besucht, die ich in der Stadt, in der ich mich selbst bereits prostituiert hatte, hielt. Es entstanden tolle Freundschaften mit drei dieser Frauen und ich begann, sie immer wieder zu besuchen. Zwei von ihnen waren Katholikinnen, was mich sehr freute, weil ich eigentlich schon lange Zeit eine Liebe für den katholischen Glauben hatte. Es machte mich deshalb sehr traurig, dass die meisten Menschen in meinem evangelikalen Umfeld sehr antikatholisch eingestellt waren. Sie trichterten mir ungute Glaubenssätze ein, die mir Angst machten, sodass ich mich nicht mehr getraute, mich der katholischen Kirche wieder zu nähern. „Wieder" sage ich deshalb, weil ja auch meine erste Bekehrung auf einem katholischen Zeltlager bei Johannes Hartl stattgefunden hatte. Bei einem *Sing & Pray*-Abend in der Heilig Geist-Kirche in der Münchener Innenstadt berührte Gott mein Herz so sehr, dass ich mit dem Gedanken spielte, katholisch zu werden. Von meiner freikirchlichen Gemeinde nahm ich gegen Herbst sowieso Abstand. Ich fühlte mich von ihnen manipuliert und bedrängt.

Dass mir eine der obersten Leiterinnen der Freikirche zum Schulabbruch geraten hatte, empfand ich als einen geistlichen Missbrauch. Auch die sektenartige Abgrenzung zu einem in sich geschlossenen System wurde mir immer verdächtiger. Die Frau des Pastors nutzte immer wieder die Predigten, um den Anwesenden das, was sie persönlich über sie dachte, als Handlungsanweisungen Gottes zu verkaufen, und das wurde mir einfach zu viel. Wenn ich sie darauf ansprach, negierte sie es, weshalb ich die Sache mit ihr nicht klären konnte. So begann ich, hin und wieder die eucharistische Anbetung in einer katholischen Kirche zu besuchen. Dort versuchte ich, meine Ressentiments gegenüber dem katholischen Glauben zu entkräften, indem ich nach der Wahrheit suchte.

Da trat plötzlich am 18. Oktober 2019 der Linzer Priester und Missio-Diözesandirektor Heinz Purrer in mein Leben. Nachdem Huschke Mau vom Netzwerk *Ella* bei einer Veranstaltung in Linz anlässlich des Europäischen Tages gegen Menschenhandel einen Vortrag gehalten hatte, ließ er ihr einige Exemplare seiner neuen CD „Bedingungslos geliebt“ mit Liedern, inspiriert von der Heiligen Josephine Bakhita, zukommen. Huschke hatte kein Interesse daran, aber ihr war klar, dass die CD mich als bekehrte junge Christin interessieren könnte. Also leitete sie seine Kontaktdaten an mich weiter. Wir hatten bald einen regen Austausch, erst über E-Mail, dann über WhatsApp. Er erzählte mir, er würde gerade ein Musical über die Heilige Bakhita, eine ehemalige Sklavin aus dem Sudan, schreiben, die in ihrem Leben so viel Schlimmes durchgemacht hat. Ich war sehr berührt von seiner liebevollen Art. Er war so fröhlich und freute sich über Kleinigkeiten wie ein Kind. Auch spürte ich, dass in ihm eine Ehrlichkeit und Heiligkeit war, und mein Herz schmolz, als ich mir die Lieder auf seiner CD anhörte, die er selbst komponiert hatte.

WELCH EIN UNRECHT

aus der CD „Bedingungslos geliebt",
von Heinz Purrer und „Sing & pray"

Du bist so schön, eine Tochter Gottes!
Du bist einzigartig, unendlich wertvoll!
Du bist ein Geschenk, unbezahlbar!
Du bist geliebt von deinem Schöpfer!
Doch deine Würde wird mit Füßen getreten!
Du wirst behandelt wie eine Sklavin.
Refrain: Welch ein Unrecht, das zum Himmel schreit!
Welch ein Unrecht, wir dürfen nicht schweigen!
Welch ein Unrecht, das zum Himmel schreit,
wir dürfen nicht schweigen.

Du bist so kostbar und zerbrechlich!
Du bist ein Wunder, ein Wunder der Liebe!
Du bist bewohnt vom Licht der Welt!
Du bist belebt von seinem Geist!
Doch du wirst missbraucht, gedemütigt und gequält!
Du erfährst Gewalt und wirst im Herzen verletzt!
Refrain: Welch ein Unrecht, das zum Himmel schreit! ...

Es bewegte mich, wie sehr er den Missbrauch an Frauen verurteilte, ja wie traurig er darüber war. Und das als Mann! Wir sandten uns minutenlange Voicemails, bis er mich fragte, ob er mein Zeugnis den Mitgliedern seiner *Sing & Pray*-Gruppe in Linz weiterleiten dürfe. Natürlich willigte ich gerne ein, weil es mir schon lange ein Anliegen war, Gottes Namen durch den Wandel in meinem Leben verherrlicht zu sehen.

Dann meldete sich Karina bei mir, eine Sängerin aus dieser Gruppe. Sie schickte mir eine unglaublich liebe Voicemail. Ich hätte nie gedacht, dass ich eine Frau mit meinen Worten berühren könnte, von der ich vermutete, dass sie ein ganz anderes Leben als ich führte. Sie war mir sofort von Grund auf sympathisch. Auch bei ihr spürte ich eine wahnsinnig starke Beziehung zu Gott. Eine Beziehung, die so sehr anders war als das, was ich aus den Freikirchen kannte. Ihre Stimme war voller Frieden, und ich spürte, dass sie keine Konzert-Atmosphäre brauchte, um vom heiligen Geist berührt zu werden. Gott war immer bei ihr, nicht nur sonntags. Und sehr schnell merkte ich auch, dass es Gottes Wille gewesen sein musste, dass wir miteinander in Kontakt traten. An manchen Tagen hatte ich sogar das Gefühl, ich könnte spüren, wenn Heinz oder Karina gerade für mich beteten, und auch ich betete für sie. Der Kontakt intensivierte sich und wurde für mich eine Stütze.

Du wirst von Gott unglaublich geliebt!

Bald war es Weihnachten, und schon kam der Jahreswechsel zum Jahr 2020. Ich geriet immer mehr unter Druck wegen meiner bevorstehenden Abiturprüfungen. Das führte dazu, dass ich wie eine Wahnsinnige zu beten begann. Gleichzeitig verbrachte ich viel zu viel Zeit mit meinem politischen Engagement. Ständig gab es Interviews, Veranstaltungen und auch Fernsehproduktionen mit Sat 1, RTL und einem regionalen Sender. Außerdem bewarb ich mich um ein Stipendium für mein Psychologie-Studium, das ich im Herbst antreten wollte. Insgesamt war ich also ziemlich überfordert und in einer absoluten Ausnahmesituation. Panikattacken suchten mich heim, und ich fühlte mich selbst in meiner eigenen Wohnung unwohl.

Als dann im Frühjahr noch dazu die Corona-Pandemie ausbrach, gab es Tage, an denen ich einerseits das Haus nicht verlassen wollte, andererseits fühlte ich mich in meiner Wohnung nicht wohl. Jede psychosomatische Stressreaktion hielt ich schon für Corona. Die Prüfungen liefen dementsprechend nicht so gut. Aber die Menschen, die Gott neu an meine Seite gestellt hatte und auch ein Klassenkamerad, in den ich mich ein bisschen verliebt hatte, waren für mich da und unterstützten mich.

Wer unter Tränen sät, wird mit Jubeln ernten (Psalm 126,1). So war es dann auch im Juni, als ich mein Abitur mit einem Notendurchschnitt von 1,4 abschloss. Zwar war ich ein bisschen geknickt, weil ich die 1,3, die ich für ein Studium in Frankfurt gebraucht hätte, um einen Punkt verfehlte, jedoch war mein Ergebnis dennoch um Längen besser als das, was man sich von mir erwartet hatte, als ich 2016 eingeschult wurde.

In diesen vier Jahren hatte ich zwar meine Höhen und Tiefen und war trotz meiner Bekehrung alles andere als frei von Sünde, doch hat sich meine Herzenshaltung nach und nach verändert. Die Liebe Gottes hat mich tief berührt. Ohne dass ich danach gefragt hätte, kam Er einfach in mein Leben und hat an mein Herz angeklopft und um Einlass gebeten. Mein ‚Ja' war leider nur ein ‚Ja', das ich aus der Not heraus gesprochen hatte. Doch Gott war sich nicht zu fein, mir zu beweisen, dass ich Ihn auch dann in meinem Leben brauche, wenn ich nicht akut Not leide. Jesus Christus zeigte mir, dass ich schon mein ganzes Leben lang in Not war. Er gab mir zu verstehen, dass in mir eine tiefe Wurzel der Ablehnung steckte. Dadurch dass mein Vater nicht da war, ließ mich schon seit meiner Kindheit daran denken, dass der wichtigste Mann meines Lebens mich verlassen hatte, weil er mich nicht liebte und mich ablehnte, auch wenn er hierfür gute Gründe hatte. Das Gefühl, ungeliebt zu sein, wurde bei allem, was ich erlebte, immer stärker. Meine Mutter gab mich ab, und meine Pflegeeltern konnten mich nicht so lieben, wie ich war.

Ablehnung und die auf ihr basierende Einsamkeit ließen mich dann an den falschen Orten nach Liebe suchen, obwohl meine Pflegeeltern mir zu vermitteln versuchten, dass ich diese Liebe letztendlich nur bei Gott allein finden kann. Natürlich ist es so, dass derjenige, der Gott sucht, Ihn auch finden wird. Jedoch glaube ich, dass Gott den Menschen immer *zuerst* liebt, bevor dieser überhaupt auf die Idee kommen kann, Gott zu suchen. Wir können uns Gottes Berührung nicht erarbeiten. Und ich bin mir sicher, dass jeder, der schon einmal tief in seinem Herzen von Gottes Liebe berührt wurde, dazu gar nicht mehr Nein sagen kann. Wer Gott erlebt hat, verändert sich automatisch. In wem das Licht der Liebe und das Feuer des Heiligen Geistes entzündet wurde, sodass es sich auszubreiten beginnt, dessen Dunkelheit löst sich mehr und mehr auf und wird zu Licht.

Durch die Zeit der Pandemie hat sich mein Glaubensleben stark verändert. Es war mir nicht mehr möglich, mit lärmender Musik gestaltete Gottesdienste zu besuchen. Ich hielt auch Distanz zu einigen meiner christlichen Bekannten, die anfingen, Verschwörungstheorien nachzugehen und Streitereien um eschatologische Fragen über die Endzeit zu entfachen. Schon lange vorher hatte ich eine starke Zuneigung zur katholischen Kirche. An Ostern war es dann soweit, dass mir Heinz und Karina einen Rosenkranz mit einem Bild der Heiligen Bakhita schenkten. Kurz darauf begann ich, den Rosenkranz zu beten und spürte wenige Tage später – nachdem ich zu Besuch bei einer Freundin gewesen war und mich wieder einmal weit von Gott entfernt fühlte –, wie Maria mich zurück zu Jesus führte. Denn plötzlich fühlte ich mich Ihm wieder unglaublich nahe.

Nicht lange darauf sah ich mir die örtliche katholische Kirchengemeinde an. Ich hatte keine bestimmte Erwartungshaltung, sondern war einfach nur neugierig. Doch der Priester trieb mir mit seiner Predigt Tränen in die Augen. Er sprach darüber, dass Menschen, in denen viel Licht war, oft auch viel Schatten in sich tragen. Sozusagen, dass das Potential immer in zwei Richtungen geht. Er forderte die Mitglieder der Gemeinde auf, sich mit der Dunkelheit in sich selbst auseinanderzusetzen und sie zuzulassen, bis der Tag der Ernte käme, an dem man das Unkraut verbrennen und in Licht und Wärme umwandeln könne. Diese Predigt drang tief in mein Herz ein. Ich glaube, das war der Moment, als ich spürte, dass ich in einer Gemeinde wirklich angekommen war. Gott hat mich durch die Predigt dieses Priesters berührt und in mein Herz gesprochen. In die nächste Messe, die ich besuchte, nahm ich eine Freundin mit, die noch in der Prostitution ist. Zufälligerweise erwähnte dieser Priester in seiner Predigt die Heilige Maria Magdalena und einen Heiligen, der auch als Schutzpatron von Prostituierten gilt. Auch alle weiteren Predigten dieses Priesters berührten mein Herz und ich begann, mir bei ihm Rat zu holen wegen der antikatholischen „Dogmen", die Menschen aus dem evangelikalen Umfeld mir eingeredet hatten. Letztlich hat mich das Buch eines ehemals evangelischen Pfarrers, der katholisch wurde, davon überzeugt, dass die Argumente gegen die Katholische Kirche haltlos sind. Auch hat mich das Ausüben der katholischen Glaubenspraxis ein Stück weiter in die Freiheit geführt. Seither sind meine Panikattacken, die vorher sehr quälend waren, so gut wie verschwunden. Mein Alltag ist voll von einer Liebe zu Gott, und ich danke Jesus permanent dafür, dass ich Ihn jeden Tag so stark spüren darf. Er fügt alles so zusammen, dass ich immer die richtigen Menschen treffe, die mich mit den richtigen Worten und wichtigen Informationen versorgen.

Es ist, als dürfte ich endlich ich selbst sein. Endlich darf ich leben, so wie ich es möchte. Gott schenkt mir die Freiheit. Ich muss nichts leisten, aber wenn ich den Willen habe, etwas zu leisten, dann unterstützt Er mich darin und gibt mir Kraft. Letztendlich hat mir Gott nun auch gezeigt, dass ich nicht leiden muss, um andere Menschen zu retten. Mein politischer Aktivismus hat eine Weile in mein Leben gehört, damit ich den Kampf für

Frauen, die wie ich unter der Prostitution leiden, unterstützen kann. Außerdem konnte ich auf diese Weise meine Geschichte aufarbeiten und Heilung meiner eigenen Wunden erfahren sowie anderen Frauen Trost spenden.

Nun hat aber ein neuer Lebensabschnitt begonnen und ich spüre sehr deutlich, dass dieser Aktivismus so nicht mehr dran ist. Ich brauche jetzt vielmehr Kraft für mein Studium. Gott hat mir nämlich von Kindesbeinen an den Wunsch gegeben, Bücher zu schreiben. Und genau das ist es, was ich machen möchte. Ich möchte mir so viel Wissen wie möglich aneignen, um Bücher zu schreiben, die der Gesellschaft von Nutzen sein können. Aus der Unterschicht kommend, möchte ich mich zu einer Intellektuellen entwickeln, die aus einer Unterschichtsperspektive über verschiedene Probleme schreibt. Ich möchte ein Sprachrohr für diejenigen sein, die von den Mächtigen nicht vertreten werden. Einerseits möchte ich Menschen, die ein Leben in der Prostitution kennen, Mut machen, dass auch sie es schaffen können. Andererseits möchte ich denen, die es nicht kennen, erklären, wie es ist, damit sie sich für die anderen einsetzen und Mitgefühl mit ihnen haben. Es ist immer Identifikation, die Empathie erzeugt. Deshalb möchte ich menschliche Grundgefühle ansprechen und erklären, wie sie zustande kommen, um dann eventuell auch Auswege aufzeigen zu können. Zum Glück hat mich Heinz Purrer am 8. Februar 2020, dem Gedenktag der Heiligen Bakhita, gefragt, ob ich dieses Buch schreiben möchte. Vor zwei Jahren hat Papst Franziskus den 8. Februar auch zum internationalen Tag des Gebetes für die Opfer des Menschenhandels erklärt, was diesen Tag für mich noch besonderer macht.

Noch bevor ich einen akademischen Abschluss erreicht habe, kann ich jetzt schon versuchen, durch dieses Buch ein paar Herzen zu erreichen und den Menschen zu vermitteln, dass nichts anderes als Gottes bedingungslose Liebe uns retten kann. Diese Liebe können wir uns weder erarbeiten noch können wir zu sündig sein, als dass Jesus sie uns vorenthält. Der dreifaltige Gott möchte uns alle erretten. So wie Er mich, eine offensichtlich nicht besonders edle Person, die nicht einmal jetzt ganz von der Sünde lassen kann, gerettet hat. Er möchte die Liebe in uns entzünden, sodass wir Liebe für Ihn und füreinander haben. Er möchte unser Herz in Flammen setzen, sodass wir aus Freude an der Liebe Gutes tun und vor allem unseren Mitmenschen gut- und nicht schlechttun. Letztlich geht es aber nicht um die Taten. Es geht um die Liebe. Mein größter Wunsch ist es, so viele Menschen wie nur irgendwie möglich so zu berühren, dass sie Gottes Liebe spüren können. Ich möchte, dass Gott mich als sein Werkzeug benutzt. Ich möchte ein Abbild Gottes sein, das zeigt, was der dreifaltige Gott im Leben eines Menschen tun kann.

Hoffentlich liest man aus diesem Text heraus, dass ich allen Lesern einfach nur sagen will, dass sie unglaublich geliebt sind. Jeder einzelne von Euch ist wunderbar und von Gott kostbar erschaffen. Es ist egal, wirklich völlig egal, wie groß seine oder ihre Sünde ist. Sie ist nicht groß genug, als dass Du deshalb von Gott abgelehnt wirst. Lassen wir uns wie ein schmutziges stinkendes Straßenkind von Gott umarmen! Er bemerkt unseren Schmutz und Gestank nicht einmal, weil Er nur den tiefen Wunsch hegt, uns zu retten. Und wir dürfen einfach nur in Seine Augen blicken und nichts anderes mehr fühlen, als dass Er uns liebt. Er weiß, warum wir so sind, wie wir sind, und Er weiß auch, dass wir es oft viel besser machen wollten, es aber letztlich dann doch nicht geschafft haben. Aber das macht Ihm nichts aus.

Denn wenn Er uns eine authentische Erfahrung der Liebe gibt, werden wir ganz von selbst bessere Menschen, weil wir nicht umhinkommen, diese Liebe an unser Umfeld weiterzugeben. Alles was wir tun müssen ist, für diese Liebe offen zu sein. Uns öffnen für die Liebe. Das ist alles, was Gott sich von uns wünscht. Ein ja zur Liebe, die alle Verfehlungen zudeckt. Und wenn diese Liebe dann Einzug in unser Herz genommen hat, werden wir so erfüllt sein von dem liebevollen und vergebenden Blick, den Gott auf uns hat, dass wir nicht anders werden können, als gnädig zu sein mit unseren Mitmenschen. Wir werden ihnen ihre Verfehlungen uns gegenüber vergeben, und wir werden auch *uns selbst* vergeben, wo wir uns verfehlt haben. Es werden uns Menschen begegnen, die uns verletzt haben, und plötzlich werden wir sehen, welch schwere Pakete diese Menschen mit sich herumtragen. Diese Last brachte sie auch dazu, so zu werden, wie sie sind. Wir werden ihnen die Hand reichen und ihnen Heilung schenken ganz gegen ihre Erwartungen. Wenn wir ihnen vergeben und ihnen mit Liebe begegnen, obwohl sie uns vielleicht absichtlich verletzt haben, zeigen wir ihnen, dass nicht die ganze Welt sie ablehnt. Wir zeigen ihnen ein kleines Stück von der Liebe, die Jesus für die Welt hat. Eine Welt, die eigentlich ganz und gar nicht liebenswert ist, aber so sehr von Gott geliebt ist, dass Er seinen einzigen Sohn opferte, um sie zu erretten.

Für mich war es in meinem Leben viel schwieriger, mir selbst zu vergeben, als denen, die mir Leid angetan haben. Diejenigen, unter denen ich litt, nehme ich regelmäßig mit ins Gebet, aber ich leide häufig noch unter Schuld- und Schamgefühlen für meine Vergangenheit und alles, was ich je falsch gemacht habe.

Da hilft es mir zu wissen, dass Jesus sich speziell die am Rande der Gesellschaft Stehenden aussuchte, obwohl er wusste, wie sie waren. Ja, vielleicht genau deswegen. Wo die Sünde groß ist, da ist die Gnade noch größer! Und das gilt nicht nur für die Zöllner und die Huren, denn ein jeder von uns hat einen Zöllner und eine Hure in sich.

Es bedeutet, dass Jesus uns genau dort begegnen möchte, wo unsere Sünde am größten und seine Barmherzigkeit damit am notwendigsten ist.

Epilog

Meine Aussicht auf die Zukunft besteht nun in einem durch ein Stipendium finanzierten Studium der Psychologie, das ich bald antreten werde. Ich habe eine nette Mitbewohnerin und bin nun das erste Mal in meinem Leben in der Lage, eine liebevolle und auf Wertschätzung beruhende Beziehung zu einem jungen Mann zu führen. Er ist mein bester Freund und mein intellektuelles Gegenstück. Obwohl er alles von mir weiß, ist er da für mich, und inzwischen beten wir sogar gemeinsam den Rosenkranz. Mit meinem Vater habe ich regelmäßigen Kontakt, und meiner Mutter habe ich, als ich sie zufällig vor wenigen Wochen in meiner Heimatstadt auf der Straße traf, gesagt, wie sehr ich sie liebe. Sobald es mir möglich ist, möchte ich Teil der katholischen Glaubensgemeinschaft werden, weil ich die Intellektualität, die Sinnlichkeit und die Schätze, die in der katholischen Kirche stecken, sehr wertschätze und sie meiner Seele wirklich guttun.

Danken möchte ich an dieser Stelle Heinz Purrer und Karina dafür, dass sie mich in ihre Gebete einschließen und wir hier gemeinsam an diesem Buchprojekt gearbeitet haben. Danke für die Möglichkeit, hier Zeugnis zu geben. Ich danke meiner Mutter, dass sie mich geboren und ihr Bestes getan hat, und ich danke meinem Vater dafür, dass er mich gezeugt und mich inzwischen als seine Tochter angenommen hat. Meinen Großeltern danke ich für ihre Unterstützung in schweren Phasen meines Lebens. Meinen Pflegeeltern danke ich für die zwölf Jahre, die ich bei ihnen verbringen durfte und dafür, dass auch sie ihr Bestes gaben. Dann danke ich Tanja und ihrem Mann dafür, dass sie mir so viel Liebe vorleben und mich unterstützen. Ich danke Jonathan für sein Verständnis, seine Geduld und dafür, dass er eine Schulter zum Anlehnen, ein Fels in der Brandung und ein kluger und anständiger junger Mann ist, der sich nicht unterkriegen lässt. Danke an alle meine Lehrer, die mich gefördert und mir Wissen vermittelt haben. Außerdem danke ich Manni, der mir, wenn ich in meiner Heimat bin, immer ein warmes Nest in der Stadt bietet, in der ich kein Zuhause mehr habe. Ich danke allen Christen, die mir Gottes Liebe vermitteln konnten, sodass ich sie als authentisch und echt wahrnehmen durfte, darunter Mickey Wiese, einem beeindruckenden Pastor mit eigenem YouTube-Channel und natürlich dem örtlichen Priester meiner Ortsgemeinde. Danke an alle Menschen, die mich in ihrem Umfeld ausgehalten haben, auch wenn ich nicht immer ganz unkompliziert war. Und zu guter Letzt danke ich auch allen Menschen, die mir Schlechtes angetan haben. Durch euch durfte ich wachsen und bin der Mensch geworden, der ich nun bin. Wahrscheinlich hätte ich ohne euch wirklich etwas verpasst.

Mein größter Dank gilt jedoch dem dreifaltigen Gott und der Gottesmutter Maria sowie auch der Heiligen Bakhita, die bei Gott um Fürsprache für mich baten.

Nachwort

von Karina Haudum

Es war der Klang ihrer Stimme, der mich fesselte, mich im Innersten berührte. Sie erfüllte mein Herz mit Wärme und öffnete es für das Leid und die Not all dieser Frauen, die Gefangene dieses Systems und der modernen Sklaverei ausgeliefert sind.

Der Begriff Prostitution hat für mich durch Sophie ein Gesicht bekommen.

Als ob es gestern gewesen wäre, so stark erinnere ich mich an diese emotionale Achterbahnfahrt meiner Gedanken, die eine Audio-Nachricht, in der Sophie ihre Lebensgeschichte schilderte, in mir ausgelöst hat. Bis zum heutigen Tag haben ihre Worte, diese wundervolle Wendung zum Guten im Leben dieser bemerkenswerten jungen Frau, Spuren in meinem Herzen hinterlassen.

Ich bin fest davon überzeugt, dass es göttliche Fügung war, dass gerade ich, als Mitglied von *Sing & Pray*, Sophie durch ihr mutiges Zeugnis näher kennenlernen durfte. Letztlich habe ich diese Begegnung auch meinem langjährigen Wegbegleiter Heinz Purrer zu verdanken, der diesen Chor ins Leben gerufen hat. Unsere letzte CD haben wir den Opfern von Menschenhandel gewidmet.

Wohl wissend, dass Prostitution vor unserer Tür passiert, dennoch nichts ahnend, dass ich bald eine innige Freundschaft zu einer Aussteigerin pflegen würde.

Sophies unerschütterliches Vertrauen in das Wirken Gottes, ihr Durchhaltevermögen, ihre Empathie und ihre hingebungsvolle Liebe im Glauben, lassen mich keinen Zweifel mehr daran haben, dass Wunder möglich sind.

Es ist mir ein Herzensanliegen, liebe Sophie, dir meinen Dank und meine Ehrfurcht auszudrücken:

Für deinen Mut, deine innere Stärke und deine Vorbildwirkung in deiner Beziehung zu Jesus Christus. Nicht zu vergessen deinen Humor und deinen unbeschreiblichen Ehrgeiz. Für mich bist du eine „Kriegerin Gottes", die ihre Kraft, unter anderem, aus dem Gebet schöpft.

„Steht also da, eure Hüften umgürtet mit Wahrheit, angetan mit dem Brustpanzer der Gerechtigkeit, die Füße beschuht mit der Bereitschaft für das Evangelium des Friedens! Vor allem greift zum Schild des Glaubens! Mit ihm könnt ihr alle feurigen Geschosse des Bösen auslöschen. Und nehmt den Helm des Heils und das Schwert des Geistes, das ist das Wort Gottes! Hört nicht auf zu beten und zu flehen! Betet jederzeit im Geist; seid wachsam, harrt aus" (Epheser 6,14-18).

Du lehrst mich immer wieder aufs Neue, dass es essenziell ist, an Gott, aber auch an sich selbst zu glauben, und auch, dass man seine Träume und Ziele nie aus den Augen verlieren darf. Denn ALLES ist möglich!

Möge deine Geschichte die Herzen der Leser und Leserinnen berühren, diese für die Nöte der Gesellschaft öffnen und neues Bewusstsein schaffen!

Der Begriff der Vergebung scheint mir ein wichtiges Schlüsselwort im Verlauf von Sophies Geschichte zu sein. Es sind sicherlich viele Faktoren, die ihr schlussendlich zum Ausstieg aus der Prostitution und zu einem Leben ohne Drogen verholfen haben. Für den Heilungsprozess all der körperlichen und seelischen Wunden ist die Stärke, vergeben zu können, meines Erachtens, dennoch maßgeblich!

Es soll auch nicht außer Acht gelassen werden, was die „Frage nach der Schuld" anbelangt. Sophie ist im Verlauf ihrer inneren und äußeren Wandlung immer wieder darauf eingegangen, was dieses Gefühl der Schuld in ihr ausgelöst hat und welch intensiver Prozess in dieser Hinsicht in ihr stattgefunden hat.

Ohne das Geschenk des Vertrauens und der Liebe aus ihrem Glauben an Jesus wäre Sophie wahrscheinlich heute nicht diese lebensfrohe, glückliche und liebevolle Frau, die sich nichts sehnlicher wünscht als, nach ihrem Studium der Psychologie, Menschen mit ihren Erfahrungen und ihrem Wissen zu begleiten und zu unterstützen.

Genau dieses Vertrauen lebte die Heilige Josephine Bakhita. Sie ist die Patronin der Opfer für Menschenhandel.

Durch die Gnade der Vergebung und ihr unerschütterliches Herz hat sie wie durch ein Wunder ihre Kindheit als Sklavin überlebt und lernte Gott kennen und lieben.

Die Heilige Bakhita wurde 1869 in der Provinz Dafur im Sudan geboren. Im Alter von sieben Jahren wurde sie von Sklavenjägern verschleppt und insgesamt fünfmal verkauft. Das Trauma der Entführung ließ sie ihren eigenen Namen vergessen, sodass heute nur der Name bekannt ist, der ihr von ihren Entführern gegeben wurde: Bakhita, das arabische Wort für „glücklich". Sie wurde sarkastisch von ihnen „Die Glückliche" gerufen.

Während der vielen Jahre ihrer Gefangenschaft musste Bakhita unglaubliches Leid erfahren. Es war eine Zeit geprägt von Demütigungen, Brutalität, Folterungen und unbeschreiblichen Qualen an Leib und Seele. Beispielsweise wurde sie von einem ihrer Besitzer auf grausamste Weise tätowiert, indem ihr mit einem Messer tiefe Schnitte an den Armen, am Bauch und an der Brust zugefügt wurden. Diese wurden mit Salz gefüllt und eingerieben, damit hohe Narben entstehen. Insgesamt 114 Schnitte. Zwei von drei Sklaven überlebten diese Prozedur nicht.

Schon damals fühlte sich die Heilige getragen und beschützt, begleitet von ihrem Schutzengel, obwohl sie Gott noch nicht kannte.

Ihr letzter Käufer, ein italienischer Konsul, behandelte sie gut, überließ die damals Sechzehnjährige seinem Freund Augusto Michieli. So kam sie nach Italien und wurde dort Kindermädchen von Michielis Tochter Mimmina. 1889 wurden die beiden in die Obhut der Canossianerinnen in Venedig gegeben, da das Ehepaar Michieli nach Afrika zurückmusste, um seinen Geschäften nachzugehen.

In dieser Zeit begegnete Bakhita erstmals Jesus am Kreuz und bat die Schwestern, alles über diesen Christus erfahren zu dürfen.

Schließlich kehrte sie nicht mehr in den Dienst der Familie Michieli zurück. Die Liebe zu Jesus Christus hatte sie ganz eingenommen, sodass sie sich 1890 taufen ließ. Bakhita erhielt auch die Sakramente der Firmung und der Eucharistie. Kurz danach trat sie in den Orden der Canossianerinnen ein und legte 1896 ihre Gelübde ab.

1902 kam sie nach Schio, dort arbeitete sie als Köchin, dann als Sakristanin und Pförtnerin. Der Orden erkannte ihr Charisma, ihre Freundlichkeit und ihr stetiges Lächeln waren wohlbekannt. So bat man Josephine Bakhita, ihre Erinnerungen und Erlebnisse aufzuschreiben. Bald kannte man ihre traurige Geschichte in ganz Italien.

Als sie am 8. Februar 1947 starb, trauerte die Stadt Schio um ihre „heilige braune Mutter". Das Schicksal der ehemaligen Sklavin hatte doch unzähligen Menschen Mut und Hoffnung gegeben, bis heute.

1992 wurde sie von Papst Johannes Paul II. selig- und im Jahr 2000 heiliggesprochen. Die Heilige Josephine Bakhita wurde zur Patronin der Opfer von Menschenhandel ernannt. Wir gedenken ihrer am 8. Februar.

Im Leben dieser Heiligen lässt sich manche Parallele auch zu Sophies Geschichte erkennen. Letztlich ist es eine wunder–bare Fügung des Schicksals im Leben dieser beiden, oder besser gesagt: Die Gnade Gottes und seine bedingungslose Liebe haben in der Lebensgeschichte dieser Frauen Spuren hinterlassen.

Sophie erzählt ja, dass sie den Verlauf ihres Lebens keinesfalls bedauert. Auch die afrikanische Heilige bringt in ihren Schriften Folgendes zum Ausdruck:

„Wenn ich den Sklavenhändlern begegnen würde, die mich geraubt haben, würde ich mich niederknien und ihre Hände küssen; denn wäre dies nicht geschehen, dann wäre ich jetzt keine Christin und keine Ordensschwester." (Sum 16,37)

So wie auch Jeffrey Tiner durch die Heilige Bakhita eine Wendung in seinem Leben erfahren durfte. Der Amerikaner berichtet, wie viele andere, vom wundervollen Wirken der ehemaligen Sklavin.

Jeffrey wurde im Jahr 2000 zum Tode verurteilt, nachdem er einen Pädophilen getötet hatte.

Er ist eines von Bakhitas Bekehrungswundern. Eine Pilgerin aus der Schweiz, Loni Müller, kontaktierte ihn, sie folgte ihrer Intuition. Nachdem Frau Müller bei der Heiligen Josephine Bakhita gewesen war, schrieb sie dem Mörder einen Brief ins Gefängnis.

Nur deshalb, weil dieses Schreiben einfach nicht im Papierkorb landen wollte, sondern diesen verfehlte und, wie von einem Magneten angezogen, zurück in Tiners Hand wanderte, las der Adressat jene Zeilen, die sein Leben ganzheitlich verändern sollten.

Zu diesem Zeitpunkt war der Verurteilte von Hass erfüllt. Er erschwerte seinen Mitgefangenen das Leben durch sein erniedrigendes und beängstigendes Wesen. Seinen Rassenhass bezeugte er unter anderem mit seinen Tätowierungen, dunkelhäutige Menschen waren Abschaum für ihn.

Loni Müller erzählte Jeffrey in ihrem Brief wie sehr Mutter Maria ihn liebte und die Heilige Bakhita und sie selbst für ihn beten würden. All diese Namen sagten dem Mann nichts, da er an Nichts und Niemanden glaubte. Doch Tiner spürte den inneren Drang, sich mit dem Glauben an Gott und dem Leben der Heiligen Josephine Bakhita auseinandersetzen zu müssen. Er nahm Kontakt zum Orden der Canossianerinnen auf und las die Biografie der Heiligen. So fand er durch ihr Leben zu Jesus Christus.

Dies veränderte alles im Leben des ehemaligen Todeskandidaten!

Sein Ziel war es nun, so zu werden wie Josephine Bakhita. Er ließ sich taufen, firmen und erhielt die Erste Heilige Kommunion. Heute ist Jeffrey ein Mann voller Liebe und Demut. Er ist ein Vorbild für seine Mitgefangenen.

Er ist Künstler, malt mit Leidenschaft und ist mittlerweile zum Leihbruder der Canossianerinnen geworden. Gott und die Heilige wirken nach wie vor in seinem Leben, denn erst vor kurzem wurde sein Urteil in lebenslänglich geändert, er hat den Todestrakt bereits verlassen und wurde in ein anderes Gefängnis verlegt.

Auch in meinem Leben spielt Bakhita seit ein paar Jahren eine wichtige Rolle, und ich habe seither eine ganz besondere Beziehung zu den Canossianerinnen in Schio/Italien, wo sich der Reliquienschrein der Heiligen befindet.

Dadurch, denke ich, fühle ich mich auch mit Sophie so sehr verbunden. Durch das Privileg dieser innigen Freundschaft mit ihr habe ich als eine der ersten das Manuskript für dieses Buch zu lesen bekommen. Nicht nur diese Lebensgeschichte mit all ihren Höhen und Tiefen berührt mein Herz zutiefst, sondern vor allem die Frau selbst, die dahintersteckt.

Ich bin sehr dankbar, dass ich durch sie diese innere Stimme vernehmen darf, die mir zuflüstert: *„Vertraue! Und höre nicht auf, an Wunder zu glauben!“*

P.S. Sophie Hoppenstedt wurde Anfang November 2020, als ihre Biographie bereits in Druck ging, in die katholische Kirche aufgenommen.

Anhang

DU BIST FREI

(aus dem Musical *„Bakhita – Sehnsucht nach Freiheit"*,
Text und Musik von Heinz Purrer)

Ich bin so berührt von deinen Worten,
die von deinem Leben erzählen.
Du schreibst so ehrlich, so ungeschminkt,
lässt uns in dein Herz blicken:
tiefe Wunden, Irrwege, Schuld, die erdrückt,
verletzte Seelen, Schrei nach Liebe, Gott hat dich gehört.

||: Du bist frei, bedingungslos geliebt!
Du bist frei, du kannst lieben! :||
Du bist frei, du kannst lieben!

Ich bin sprachlos, weine vor Freude,
staune über diese Wunder.

Versöhnung und Liebe heilen unsere Wunden,

vertrauen wir Emmanuel!

Er führt uns heraus aus unserem Gefängnis,

befreit uns von den Fesseln.

Er führt uns zusammen und sendet uns,
so zu lieben wie Er.

||: Du bist frei, bedingungslos geliebt!

Du bist frei, du kannst lieben! :||

Du bist frei, du kannst lieben!

DU BIST WUNDERBAR

(aus dem Musical *„Bakhita – Sehnsucht nach Freiheit"*,
Text und Musik von Heinz Purrer)

Du hast soviel Gewalt erlebt,

wurdest missbraucht und ausgebeutet,

deine Würde mit Füßen getreten,

behandelt wie eine Sklavin.

Du warst am Ende mit deiner Kraft,

deine Schmerzen wurden immer größer,
und du wolltest nicht mehr leben!
Refrain: ||: Du bist so kostbar, du bist wunderbar!
Dein Licht in dir ist stärker als die Nacht! :||
Dein Licht in dir ist stärker als die Nacht!

Du warst doch schon ganz tief unten,
mehr tot als lebendig;
da kamen Worte vom Himmel,
sie haben dich gerettet:
„Es ist noch nicht an der Zeit für dich zu sterben,
denn ich hab' noch einen Plan für dich;"
und du hast daran geglaubt!
Refrain: ||: Du bist so kostbar, du bist wunderbar! ...

ICH BIN FREI

(aus dem Musical „*Bakhita – Sehnsucht nach Freiheit*“,
Text und Musik von Heinz Purrer)

Refrain: Ich bin frei, ein Kind Gottes,
ich bin frei, Gott sei Dank!

Ich bin frei, ein Kind Gottes,
ich bin frei, Gott sei Dank!

Ich war gefangen, wurde geschlagen,
behandelt wie ein Stück Vieh.

Ich war gefangen, wurde verwundet,
doch du warst da in meiner Nacht.

Refrain: Ich bin frei, ein Kind Gottes,
ich bin frei,
Gott sei Dank!

Ich bin frei, ein Kind Gottes,
ich bin frei, Gott sei Dank!

Ich war alleine, weit weg von zuhause,
ein Engel hat mich beschützt.

Ich bin deine Tochter,
du heilst meine Wunden
und richtest mich wieder auf.

Refrain: Ich bin frei, ein Kind Gottes,
ich bin frei, Gott sei Dank!

Ich bin frei, ein Kind Gottes,
ich bin frei, Gott sei Dank!

Wir dürfen nun dein Licht sein,
Dich in der Welt bezeugen,

denn Du machst uns fähig zu lieben,
so wie Du uns liebst,
grenzenlos mit ganzem Herzen.

Refrain: Ich bin frei, ein Kind Gottes,
ich bin frei, Gott sei Dank!

Ich bin frei, ein Kind Gottes,
ich bin frei, Gott sei Dank!

Du bist frei, ein Kind Gottes,
du bist frei, Gott sei Dank!

Du bist frei, ein Kind Gottes,
du bist frei, Gott sei Dank!

Wir sind frei, ein Kind Gottes,
wir sind frei, Gott sei Dank!

Wir sind frei, ein Kind Gottes,
wir sind frei, Gott sei Dank!

Wir sind frei, ein Kind Gottes,
wir sind frei, Gott sei Dank!